Roberto Lorenzini
Sandra Sassaroli

QUANDO O MEDO VIRA DOENÇA

Como reconhecer e curar fobias

Dados Internacionais de Catalogação na Publicação (CIP)
(Câmara Brasileira do Livro, SP, Brasil)

Lorenzini, Roberto
  Quando o medo vira doença : como reconhecer e curar fobias / Roberto Lorenzini, Sandra Sassaroli ; [tradução Jairo Veloso Vargas] ; tradução de Veloso Vargas. – 4. ed. – São Paulo : Paulinas, 2011. – (Coleção psicologia e você)

  Título original: Quando la paura diventa malattia.
  ISBN 978-85-356-2851-7

  1. Fobias 2. Fobias - Etiologia 3. Fobias - Tratamento 4. Medo I. Sassaroli, Sandra. II. Título. III. Série.

  11-07197
  CDD-616.85225
  NLM-WM 178

Índice para catálogo sistemático:
1. Fobias : Neuroses : Medicina   616.85225

Título original da obra: QUANDO LA PAURA DIVENTA MALATTIA
© Edizioni San Paolo S.r.l., Cinisello Balsamo, 1991.

Tradução: Jairo Veloso Vargas
Direção geral: Ivani Pulga
Coordenação editorial: Noemi Dariva
Revisão de texto: Gilmar Saint'Clair Ribeiro
Gerente de produção: Antonio Cestaro
Capa: Marta Cerqueira Leite

4ª edição – 2011

Nenhuma parte desta obra poderá ser reproduzida ou transmitida por qualquer forma e/ou quaisquer meios (eletrônico ou mecânico, incluindo fotocópia e gravação) ou arquivada em qualquer sistema ou banco de dados sem permissão escrita da Editora. Direitos reservados.

Paulinas
Rua Dona Inácia Uchoa, 62
04110-020 – São Paulo – SP (Brasil)
Tel.: (11) 2125-3500
http://www.paulinas.org.br – editora@paulinas.com.br
Telemarketing e SAC: 0800-7010081

© Pia Sociedade Filhas de São Paulo – São Paulo, 1999

INTRODUÇÃO

Este livro nasceu, antes de mais nada, do desejo de oferecer às pessoas que sofrem de fobias um instrumento simples e compreensível que as ajude a tomarem consciência do seu próprio estado e a se curarem.

As fobias não são um distúrbio psiquiátrico grave, mas geram um sofrimento intenso para os que são afetados por elas e limitam enormemente suas vidas. As fobias são bastante comuns e aumentam continuamente: atingem 6% dos homens e das mulheres dos países industrializados.

O estímulo para escrever este livro nos veio dos colegas que trabalham, como nós, com o sofrimento psicológico. Em 1987, publicamos um livro, destinado a especialistas, que apresentava um modelo explicativo das fobias e um conseqüente itinerário terapêutico [*La paura della paura*, (O medo do medo), Ed. Nuova Italia Scientifica], obra que foi bem aceita e traduzida para o inglês. Muitos colegas o indicaram, para leitura, a seus pacientes com resultados positivos no decorrer da terapia. O fato nos surpreendeu por causa da linguagem muito técnica da obra, o que nos estimulou a escrever um texto voltado para os pacientes e seus familiares. Nem por isso este texto substitui uma terapia, mas se propõe a acelerar seu início e sua conclusão, propiciando ao paciente uma maior consciência de seu estado e de como resolvê-lo.

É muito importante para nós agradecer aqui a Giovanni Liotti que, no decorrer dos anos, seja pelo que diz respeito à sistematização do problema das fobias, seja pelo que diz respeito à grande questão do apego, representou um ponto de referência, um inovador a quem muito deve a psicoterapia cognitiva.

É ainda nosso dever agradecer a Francesco Mancini e a Antonio Semerari, companheiros de luta com os quais, sempre, no decorrer dos anos, temos compartilhado idéias, problemas, dificuldades e projetos, voltados mais para o trabalho clínico que para o teórico.

R. Lorenzini S. Sassaroli

Capítulo I

A SINTOMATOLOGIA OU COMO SE MANIFESTA UMA FOBIA

NEM TODA ANSIEDADE VEM PARA PREJUDICAR

As fobias são uma manifestação patológica da ansiedade, mas nem toda ansiedade deve ser considerada patológica[1]. Não há quem não a tenha experimentado, em alguma situação e, talvez mesmo graças a ela, tenha conseguido libertar-se do impasse.

A ansiedade é um estado de alerta do organismo que se prepara para enfrentar um acontecimento que julga perigoso ou imprevisível; todo o corpo se ativa com os cuidados extraordinários finais para enfrentar a emergência. Ele fica preparado para lutar ou fugir.

O coração baterá mais celeremente para irrigar melhor os músculos com o sangue; a respiração ficará mais rápida para conseguir mais oxigênio à disposição; a pele ficará pálida porque pouco irrigada, com a finalidade de não perder sangue em caso de eventuais ferimentos; o vigor muscular aumentará até provocar leves tremores nos lábios como nos atletas prestes a entrar para uma competição; todos os sentidos intensificarão sua vigilância sobre o ambiente, e o pensamento ficará concentrado no evento previsto, sem dispersão. Em suma, a pessoa assume, física e mentalmente, um estado de tensão, de alarme, que é

---

1. Veja: CANOVA. F. *A ansiedade, mãe e madrasta*. São Paulo, Paulinas, 1998.

oposto ao bem-estar e relaxamento que se experimenta quando se encontra em um ambiente seguro e protegido e depois de ter satisfeito todas as necessidades.

Naturalmente, essa "capacidade de alarmar-se" é extremamente útil para a sobrevivência. Não iria muito longe um animal que, diante de um predador, durante um incêndio, no epicentro de um terremoto, se mantivesse calmo e se sentisse tranqüilo e relaxado. Se nunca estivemos em uma situação dessas, não quer dizer que nunca viremos a estar e se, acontecer, aí estaremos nós, uma vez mais, com a nossa capacidade de nos alarmar.

ANSIEDADE E MEDO

Sendo essas primeiras linhas, pode-se ter a impressão que a palavra "ansiedade" poderia ser substituída, quiçá de modo mais apropriado, pela palavra "medo", e é verdade. De resto, ansiedade e medo são irmãs. De fato, ambas manifestam-se com os mesmos sintomas físicos e com o mesmo estado desagradável de tensão generalizada.

Tradicionalmente, fala-se de medo quando tal estado é causado por uma situação externa que a grande maioria das pessoas considera perigosa. Se entrar um leão em meu escritório, pularei para cima da estante, mostrando a todos que tenho medo; se minha casa pegar fogo, correrei para a rua, e todos concordarão que estou justamente assustado; o mesmo acontecerá diante de um trem que me corta o caminho, ou de um ladrão que me ameaça com o revólver.

Por outro lado, fala-se de ansiedade quando o mesmo estado se repete sem que haja o leão, as chamas, o trem ou o ladrão. Se experimento "aquele certo estado" diante da idéia de atravessar uma praça, à vista de uma faca de cozinha, diante de uma borboleta ou de um passarinho, dentro de um elevador ou de uma galeria, quando entra o chefe da seção ou antes de telefonar para uma garota convidando-a para jantar, uma vez que se trata de coisas que "não deveriam causar medo", então eu (e também quem me observa) pensarei estar com ansiedade.

E enquanto o medo, ainda que desagradável, é evidentemente útil, a ansiedade me parecerá incompreensível e, sobretudo, prejudicial, e, por isso, começarei a considerá-la como uma doença ou um desvio do caráter; de qualquer modo, como uma coisa que se apossa de mim contra a minha vontade e sobre a qual não posso intervir: "Há alguma coisa dentro de mim, mais forte do que eu, que..."

OS MOTIVOS DA ANSIEDADE

Na realidade, não é assim: tanto na ansiedade quanto no medo existe um leão que assusta, com a única diferença de que é somente a pessoa interessada que o vê como tal, enquanto, para os outros, não passa, simplesmente, de um inofensivo gatinho.

Assim, não nos contentamos com a explicação: "Não sei por que essa coisa me aterroriza, já que não causa o mesmo efeito nos outros", mas, se continuarmos as indagações, perceberemos que a faca de cozinha amedronta porque poderíamos perder o controle e usá-la para nos matar ou matar uma pessoa querida; tememos o elevador porque ele poderia fechar-se e travar, levando-nos a uma horrível morte por asfixia; o chefe de seção, por ser visto como um juiz implacável que poderia decidir sobre nossa carreira; a garota, porque poderia recusar o convite para o jantar, o que seria insuportável e poderia levar-nos ao suicídio.

A ansiedade, portanto, não é imotivada, mesmo se os motivos que a causam não são de todo razoáveis e parecem exagerados e absolutos; mas são, na verdade, tais motivos que transformam o inofensivo gatinho em perigoso leão.

Um exemplo nos limites entre a ansiedade e o medo pode ajudar-nos a compreender como são as nossas avaliações pessoais que transformam a nossos olhos uma coisa em perigosa quando em si não o é: os exames escolares. Alguns estudantes os enfrentam com uma naturalidade emotiva, ao passo que outros ficam absolutamente aterrorizados, até o ponto de não conseguirem prestá-los. Onde está a diferença? Poder-se-ia dizer que os primeiros não estão ansiosos, e os segundos, sim, mas não teremos explicado satisfatoriamente, porém apenas etiquetado os dois comportamentos diferentes. A verdadeira diferença está no modo diverso com que se encaram os exames.

Os primeiros pensarão: "O exame avalia apenas o quanto estou preparado naquela matéria; se eu me sair mal, será um desastre, porque serei obrigado a gastar outros dois meses de estudo sobre aqueles livros", de modo que, na corrida da vida, serão somente mais alguns meses de estudo. A pessoa que pensar assim sentir-se-á pouco tensa, e essa pouca tensão melhorará seu rendimento. Os segundos, ao contrário, pensarão: "O exame avaliará se sou uma pessoa que tem valor, ou não; se eu me sair mal, terei de abandonar os estudos, e os meus pais brigarão comigo e me expulsarão de casa; minha noiva achará que não sou bom em nada e me abandonará; ficarei 'na pior', será a ruína de toda a minha vida". Nesse caso, o que está em jogo é enorme; com os seus argumentos, a pessoa transformou o gatinho em um leão ameaçador e ficará, com razão, paralisada pelo terror diante da idéia de enfrentar uma prova tão decisiva e sem apelo. Naturalmente, esse terror a manterá longe dos exames e, quando se decidir a enfrentá-los, seu rendimento não será certamente bom, ocupada como está com essas previsões catastróficas.

A ansiedade e o medo são, pois, a mesma coisa, mas, enquanto no medo o que assusta está evidente e é considerado perigoso por todos, na ansiedade o perigo é percebido exclusivamente pela pessoa através de motivações exageradas das possíveis conseqüências.

Outra constatação geral que nos acompanhará durante todo este livro e que já vimos na transformação de gatos em leões é que não são nunca as coisas em si, os fatos, os eventos externos que nos fazem estar bem ou mal, mas a avaliação que deles fazemos: somos, pois, nós mesmos, com o nosso modo de pensar, que causamos a raiva, a ansiedade, a tristeza ou a alegria e o bem-estar, ou qualquer outra emoção.

PENSAMENTOS E EMOÇÕES

É crença muito difundida que o homem é um ser dividido em duas partes, uma emotiva e outra racional, o pensamento, e que esses dois lados entram, freqüentemente, em conflito, porque se "pensa" uma coisa e se "sente" outra.

A conseqüência dessa divisão é negar o controle dos próprios pensamentos e, ao contrário, ficar totalmente em poder das emoções que nos assaltam de fora, sem possibilidade alguma de controle, de um modo aparentemente incompreensível.

Na realidade, nada disso é verdadeiro: as emoções que experimentamos são extremamente conexas com os pensamentos que elaboramos, e vice-versa.

Epíteto, filósofo grego, dizia: "Não são as coisas que nos fazem ficar bem ou mal, mas sim a idéia que delas fazemos". Esse pensamento contém uma verdade profunda: a realidade não se impõe à nossa consciência, porém somos nós que a construímos, que lhe damos um significado positivo ou negativo, que a avaliamos bem ou mal.

Pensamos, por exemplo, chegar de manhã ao trabalho e encontrar nosso chefe que não nos cumprimenta: esse é o fato nu e cru. Mas, como nos sentiremos em relação a esse fato depende exclusivamente do que pensarmos disso, de como avaliarmos a situação.

Se, por exemplo, pensarmos: "Quem sabe por que o chefe não me cumprimentou? Será que não gosta de mim? Fiz alguma coisa que não lhe agradou? Haverá algum problema? Serei dispensado?", sem dúvida, experimentaremos um estado mais ou menos intenso de ansiedade, que corresponde à previsão de que alguma coisa desagradável, incontrolável e terrível está para acontecer.

Se, ao contrário, pensarmos: "Mas como se atreve? Acredita, talvez, que eu deva ser sempre o primeiro a cumprimentá-lo? Quem ele pensa que é? Tem de parar de se comportar assim!", certamente não experimentaremos ansiedade alguma, e sim outra emoção: a raiva, que corresponde à consciência de que o outro violou uma regra em prejuízo nosso e, por isso, merece uma punição.

Poderemos também pensar: "Está vendo?, as pessoas nem ligam para mim. Se existo ou não existo, para elas, é a mesma coisa. Ninguém mais faz caso de mim. Não sou importante para ninguém". Nesse caso, a emoção que experimentaremos será de tristeza e depressão, que corresponde à consciência do nosso pequeno valor.

Enfim, poderemos ainda pensar: "O chefe hoje está estranho. Deve haver problemas na família", e o episódio seria rapidamente arquivado, sem maiores ressonâncias emocionais.

Diante do mesmo fato, a emoção experimentada será diferente, de acordo com as avaliações que tivermos feito: não é, pois, o fato em si que causa uma emoção, mas sim somos nós mesmos que a procuramos, com o nosso modo de avaliar a realidade.

O COMPORTAMENTO

Do mesmo modo, o comportamento que a pessoa colocará em prática dependerá dos pensamentos elaborados como interpretação da situação.

No exemplo anterior, vimos que quem reagir com ansiedade terá taquicardia, sudorese, sensação de mal-estar, procurará evitar o chefe, ficará atento a qualquer outro sinal de reprovação e acabará, talvez, por distrair-se em seu trabalho, provocando, assim, de verdade, algum insucesso. Quem, ao contrário, reagir com raiva, procurará algum pretexto para pôr as coisas em claro, para fazer-se valer e não submeter-se à suposta injustiça e muito provavelmente chegará a discutir com o chefe. Quem se sentir deprimido sentar-se-á em seu local de trabalho e ficará considerando sua inutilidade e a miséria de sua situação e, no fim do dia, constatando quão pouco produziu, terá mais motivos para se autodenegrir.

Nosso comportamento depende, portanto, dos julgamentos que fazemos das situações que temos de enfrentar e das conseqüências que prevemos. Experimente caminhar em cima de uma mesa de madeira a sessenta centímetros de altura: a tarefa não apresentará dificuldade alguma e você a realizará até correndo. Experimente, agora, caminhar em cima de uma mesa que esteja a cinqüenta metros do chão! Muitos se recusarão a fazê-lo, e quem o fizer deverá ficar bastante ansioso, andará de "gatinho" e com o coração batendo a "mil". O que mudou? Não foi, certamente, a dificuldade da tarefa, mas a previsão das possíveis conseqüências de um erro: no primeiro caso, sabíamos que nada de grave poderia suceder; no segundo, prevíamos que poderíamos até morrer.

O DIÁLOGO INTERIOR

Muitos, ao lerem estas páginas, cogitarão em seu íntimo que, quando experimentam certa emoção, não estão pensando em nada e apenas são assaltados pela emoção. Não é verdade; o fato é que não somos treinados a seguir o curso de nossos pensamentos que é um fluir ininterrupto. Certamente não se trata de pensamentos coerentes e acabados, como quando nos concentramos em uma discussão, ou em um problema de matemática mas, antes, de frases truncadas, de palavras soltas, de imagens.

Essa interpretação das situações ocorre em um nível de consciência inferior ao do raciocínio lógico, mas está sempre presente.

Posso ouvir atentamente o que meu médico está me dizendo e, ao mesmo tempo, comentar comigo mesmo com frases do tipo: "Não entendeu o meu problema; não me parece uma pessoa competente; não me inspira confiança; tem pressa de me despachar".

Quando estou em um bar, à noite, discutindo futebol com os amigos, posso imaginar-me na manhã seguinte cansado por ter dormido pouco, posso pensar que não deverei ficar até tarde todas as noites, que o corpo ressentirá e, mais dia menos dia, adoecerei: meu estado de espírito, sem mais nem menos, mudará, sem nenhum motivo aparente.

Os comentários que você está fazendo dentro de você mesmo, lendo estas páginas, os pensamentos que dizem respeito àquilo que você fará daqui a pouco, a situação complexa de sua jornada, tudo isso pertence a esse diálogo interior que segue em frente ininterruptamente. Em algumas pessoas, tal diálogo ocorre simplesmente com palavras e idéias; em outras, com imagens, mas o objetivo é sempre o mesmo: avaliar a situação que estamos vivendo e antecipar o que está para acontecer para nos prevenir quanto ao nosso comportamento.

Quanto mais novas e desconhecidas as situações com as quais nos deparamos, tanto mais procuraremos imaginá-las, prever como os outros se comportarão, o que perguntarão, como poderemos agir: damos instruções para nós mesmos.

Portanto, falamos continuamente conosco mesmos; embora raramente o façamos em voz alta (o que, com certeza, não é preocupante), o primeiro passo para descobrir de onde provêm as próprias emoções consiste em nos treinarmos para surpreender esse diálogo interior automático: basta parar de improviso e nos perguntar: "Em que eu estava pensando? O que eu estava me dizendo?". Se a resposta for: "Nada", você deve continuar a busca, porque é absolutamente impossível não pensar em nada.

O QUE É UMA FOBIA

Falamos, até agora, de ansiedade e de medo, e do seu estreito parentesco, para introduzir o assunto sobre a fobia, que é uma forma particular de sofrimento construída em torno das crises de ansiedade. O *Manual diagnóstico e estatístico dos distúrbios mentais*, que é o mais atualizado instrumento de classificação dos sofrimentos psíquicos, organizado pela associação psiquiátrica norte-americana e utilizado no mundo todo na sua versão de 1983, assim descreve os sintomas da agorafobia, a mais característica das fobias: "A pessoa tem um acentuado medo de ficar sozinha, ou de estar em lugares públicos, como no meio da multidão, nos túneis, nas pontes, nos locais públicos, dos quais a fuga pode ser difícil ou a ajuda não disponível em caso de uma inesperada incapacidade, e evita, portanto, tais situações. Há uma crescente limitação das atividades normais, até o ponto em que os medos ou o comportamento de fuga dominam a vida da pessoa".

O nome dessa síndrome vem do grego: *phóbos* significa medo, e *agorá*, praça; dependendo da situação ou do objeto temido, foram criados nomes diversos para as diferentes fobias: medo de ficar envergonhado (eritrofobia); medo de lugares fechados (claustrofobia); medo de bacilos (bacilofobia); medo de veneno (iofobia); medo de engolir pedaços de vidro (jalofobia); medo de exalar mau cheiro (autodisosmofobia) etc. Em todos esses casos, no entanto, o mecanismo que produz e mantém o distúrbio é substancialmente o mesmo[2].

A fobia é, pois, um medo aparentemente imotivado de um objeto ou de uma situação que, para ser evitado, a pessoa atingida se submete a difíceis limitações de sua autonomia.

---

2. LIOTTI, G. "*Un modello cognitivo comportamentale dell'agorafobia*" in *Cognitivismo e psicoterapia*, aos cuidados de V. Guidano, M. Reda, Ed. F. Angeli, Milano, 1981. G. Liotti, "Cognitive therapy, attachment theory and psychiatric nosology" in M. A. Reda e M. Y. Mahoney, *Cognitive Psychotherapies* Ballinger, Cambridge, 1984.

Trata-se de um distúrbio muito comum, que atinge gravemente cerca de 6% da população dos países desenvolvidos, acarretando um custo tanto econômico quanto em termos de sofrimento individual. Desse percentual estão excluídos os pequenos medos que cada um tem, mas que não limitam a capacidade de trabalhar, de freqüentar a sociedade e aproveitar a vida.

DISTÚRBIOS MENTAIS E DISTÚRBIOS NERVOSOS

A fobia é um distúrbio mental, e não um distúrbio nervoso: a diferença é substancial e, freqüentemente, desconhecida.

Um distúrbio é nervoso quando se trata de uma doença somática, com evidente dano anatômico, causado no sistema nervoso. São assim as hemorragias cerebrais, as paralisias, os tumores cerebrais, as meningites, as encefalites, os traumas cranianos, as demências, o mal de Parkinson e tantas outras moléstias das quais cuida o neurologista.

Os distúrbios mentais, por outro lado, que vão dos mais leves (fobias, obsessões, depressões, ansiedade) aos mais graves (esquizofrenia, psicose maníaco-depressiva), não apresentam nenhum substrato orgânico evidente e ocorrem no mundo do pensamento e das emoções; a pessoa, ainda que extremamente sofredora, está absolutamente sadia do ponto de vista físico, seus exames laboratoriais estão perfeitos e nenhuma análise clínica revela uma disfunção.

Desses distúrbios, muitas vezes incompreensíveis para quem os manifesta e para as pessoas que vivem com quem os apresenta, ocupam-se o psiquiatra e o psicólogo. Infelizmente as pessoas não recorrem de bom grado a esses especialistas, que são vistos como "médicos de doidos". Isso é mais patente para os pacientes fóbicos, que freqüentemente trazem consigo medo de perderem o controle e de ficarem loucos; por isso, lhes parece que ir ao psiquiatra é confirmar essa dura realidade.

Também esse temor é de todo infundado porque, se é verdade que a fobia é um distúrbio mental, é também verdade que não há nenhum risco de que ela evolua para um distúrbio psiquiátrico mais grave, rumo à "verdadeira loucura", tratada na reclusão dos manicômios. Seria como pensar que um resfriado pode evoluir para um tumor no nariz.

LUGARES E SITUAÇÕES TEMIDOS

Vejamos agora, mais em detalhes, quais são os sintomas de uma fobia.

Em primeiro lugar, é de se considerar que a pessoa teme determinada situação ou determinados lugares específicos. Os mais típicos são os seguintes:

1. *Transportes públicos*: trens, ônibus, metrôs, aviões. Quando estão lotados, esses meios de transporte parecem intoleráveis. Ficar na fila seja de carro, seja a pé é igualmente desagradável.

2. *Outros lugares fechados*: túneis, pontes, elevadores, cinemas e teatros, a cadeira do cabeleireiro, sobretudo se com capacete, o gabinete do dentista.

3. *Ficar sozinho em casa*: alguns agorafóbicos procuram a companhia constante de alguém, para irritação de parentes e amigos.

4. *Estar longe de casa* ou em lugares onde não seja possível ajuda imediata em caso de necessidade, quando é extremamente tranqüilizadora a presença de um médico ou a existência de um hospital.

Isso é apenas um elenco parcial, uma vez que a fantasia individual não tem limites. Normalmente, em um desses lugares, a pessoa provou sua primeira crise de ansiedade e ficou absolutamente convencida de que estava na iminência de morrer. Depois desse episódio, começará a evitar o lugar onde passou mal, todos aqueles com características semelhantes e todos aqueles em que não é possível um socorro médico imediato. Desse modo, para não passar novamente pela desagradável experiência da ansiedade, constrói, dia após dia, sua jaula de limitações e proibições.

Já pelo simples exame dos lugares temidos, poderíamos nos perguntar: mas o que teme, afinal, o doente fóbico? O que acredita poder acontecer de tão grave para merecer precauções tão empenhadas? Qual é o leão, que só ele vê, e os outros não?

A resposta ficará evidente mais adiante.

O INÍCIO INESPERADO

O começo de um distúrbio é geralmente inesperado, com uma crise de ansiedade que o paciente descreve de modo absolutamente físico, com alguns dos seguintes sintomas: taquicardia, sensação de sufoco, impressão de não mais conseguir respirar, sensação de cabeça rodando, de vertigem, sensação de estar enfraquecendo e, inevitavelmente, de desmaiar, fagulhas nos olhos, distúrbios visuais, dores de barriga, suadeira, dor no coração e, às vezes, no braço esquerdo, secura na boca, fadiga etc.

Se possível, o paciente corre a um pronto socorro, onde o submetem a um eletrocardiograma e lhe ministram um antidepressivo e onde, acima de tudo, recebe muito encorajamento a respeito de seu estado de saúde física.

Os encorajamentos, todavia, têm curto efeito, e o paciente começa a consultar uma infinidade de médicos, principalmente gastroenterologistas e cardiologistas, convencido, todas as vezes, de que algo físico nele não está bem. Depois de um período mais ou menos longo, é encaminhando por esses mesmos médicos a um neurologista (parece pouco delicado dizer a um paciente: "você deve procurar um psiquiatra"), ao qual chega com um pacote de exames clínicos e eletrocardiogramas, mas ainda pouco convencido de que o seu seja um distúrbio mental.

É constatado que o tempo que decorre entre a primeira crise e a chegada a um especialista adequado é mais longo nos meios sociais e culturais mais baixos, porque as pessoas desses meios custam a crer que um distúrbio tão importuno e físico possa ser causado por algo impalpável, como a ansiedade.

SEM PROBLEMAS APARENTES

Ao especialista, a pessoa relata o começo da sintomatologia como absolutamente imprevisto e inesperado, e conta que, em sua vida, nunca ocorreu algo de preocupante ou de doloroso que justifique a manifestação de um distúrbio nervoso.

No entanto, com uma investigação mais atenta, emerge, uma situação ambiental e existencial em mudança: dificuldades financeiras, desavenças matrimoniais, ou dificuldades profissionais, ou uma ascensão inesperada na carreira, gerando novas responsabilidades, ou uma separação, ou um luto, ou simplesmente a idéia de que uma dessas coisas está para acontecer.

Todos esses fatos servem de fundo, já que precederam, de alguns meses, a crise inicial de ansiedade, e a pessoa não estabelece nenhuma ligação entre eles e o seu mal-estar atual.

O que conta é a brusca mudança de quem nadou contra a corrente e que se transformou de pessoa ativa, segura, bem sucedida, cheia de satisfação, em um doente cheio de limitações e necessitado de um tratamento penoso para ele e para os que lhe são caros. Dessas constatações, desenvolve-se, com freqüência um estado de depressão e de desconfiança que agrava o quadro clínico.

Em muitos casos, as crises de ansiedade ocorrem pouquíssimas vezes, quando não, uma única vez; a doença, já manifesta, consiste no medo constante de que a terrível crise se repita e nas diferentes estratégias de fuga postas em prática para que isso não ocorra mais.

A fuga pode ser leve (por exemplo, não retornar ao cinema onde o mal ocorreu pela primeira vez), mas generaliza-se facilmente até em casos gravíssimos em que o paciente não sai mais de casa durante anos, nem mesmo para ir ao consultório do especialista.

O MEDO DE PERDER DEFINITIVAMENTE O CONTROLE

Prosseguindo na pesquisa, emergem os verdadeiros medos, o que a pessoa realmente teme que possa acontecer se se encontrar novamente perante as situações que procura evitar. Há quase sempre dificuldade em se falar no assunto, só em nomeá-lo já o torna mais provável e concreto; do mesmo modo, durante a entrevista, palavras como "morte", "loucura", "infarto", "câncer" são evitadas e substituídas por longos rodeios de explicações. O que se teme é sempre um evento absolutamente catastrófico, o mais das vezes definitivo e irreversível.

Um jovem temia cair ao chão e ficar indefeso e nas mãos dos outros, o que poderia fazer com que o considerassem um doente, um fraco, um traste.

Um professor se imaginava tendo de falar, em um congresso, para muitas pessoas e experimentando, por isso, uma emoção tal que não seria capaz de suportar, com o resultado de que ele ficaria louco inesperadamente diante de todos e acabaria para sempre em um manicômio.

Outros temem a morte repentina, geralmente por "infarto do miocárdio", e quando descobrem que os sintomas físicos que experimentaram são sinais de ansiedade, e não de infarto, nada conseguem fazer, porque, a cada vez que ocorrem sinais dessa natureza, pensam: "Desta vez é diferente, desta vez é mesmo o infarto." E, à força de terem crises de ansiedade e sempre pensarem dessa forma, acham que o coração ficará, certamente, prejudicado, o que é absolutamente falso.

O que aproxima todos esses medos é, pois, o "medo de perder o controle", cuja expressão máxima é morrer ou ficar louco.

Mais adiante veremos como essa necessidade de ter tudo sob controle, tanto no mundo interior e emotivo quanto no exterior, está profundamente enraizada na história do desenvolvimento do paciente. Por enquanto, limitemo-nos a perceber como a solução da fuga, que é a autoterapia, que o paciente põe em prática sozinho, vai exatamente na direção do controle: ele se arrisca sempre menos, restringe seu mundo para poder controlá-lo melhor e procura calar todo tipo de emoção, todo imprevisto. Mas a dúvida de que uma catástrofe pode ocorrer já se insinuou em seu pensamento, e não o deixará mais totalmente tranqüilo, nem mesmo dentro de sua própria casa.

INDICADORES PARA A DIAGNOSE

Recapitulemos quais indicadores devem ser pesquisados para se poder fazer, com segurança, uma diagnose da fobia (de alguns já falamos, de outros falaremos adiante, no Capítulo II, dedicado à etiologia).

1. O dado mais importante é a ansiedade, que é característica enquanto expressa, sobretudo em termos físicos e sem um conteúdo de pensamentos; tanto que o próprio paciente não fala de ansiedade, mas de um mal-estar físico.

2. O segundo aspecto típico é que a ansiedade está ligada a determinados lugares, objetos ou situações; se a pessoa tiver certeza de estar longe deles, ficará tranqüila.

3. O terceiro aspecto é a fuga mais ou menos consciente e sistemática daqueles lugares, pessoas, objetos ou

situações que são vistos como a causa do mal-estar e que, geralmente coincidem com a situação em que ocorreu a primeira crise de ansiedade.

4. O quarto aspecto é a profunda certeza do paciente de que se trata de um distúrbio orgânico; por isso ele apresenta um longo histórico de corridas ao Pronto-Socorro e de visitas a gastroenterologistas e cardiologistas, cujos tranqüilizantes não o têm convencido satisfatoriamente.

No histórico do paciente, é comum encontrarem-se os seguintes fatores:

1. Um genitor, freqüentemente a mãe, ela mesmo fóbica, ou extremamente ansiosa, ou superprotetora, ou constantemente preocupada com a própria saúde e a saúde dos filhos.

2. Uma vida sentimental com experiências pouco intensas e envolventes e com uma atitude muito prudente e cautelosa em relação a um determinado período da vida, como o do namoro.

3. Dificuldade para expressar emoções, em particular a da agressividade.

4. Muitas vezes, problemas sexuais (anorgasmia nas mulheres e ejaculação precoce nos homens).

5. Um(a) companheiro(a) complementar que se presta a auxiliar o paciente em suas necessidades, além de toda previsão plausível.

Capítulo II

A ETIOLOGIA OU O QUE PROVOCA A DOENÇA

VIVER É APRENDER

Viver é aprender. Do berço ao túmulo, a pessoa está continuamente à procura de ampliar a sua capacidade de prognosticar, de prever a respeito de si mesma, dos outros e do mundo. Essa característica é tipicamente humana. O ser humano não nasce, como os outros animais, com uma provisão de comportamentos instintivos já bem determinada, que lhe permita adaptar-se às diferentes situações e sobreviver; mas deve aprender a fazê-lo. Ele nasce, sim, com o instinto de aprender.

Nisso há desvantagens, mas também grandes vantagens. A desvantagem principal está no fato de a criança ter necessidade, por, um período de tempo bastante prolongado, de que os adultos, principalmente os pais se ocupem dela; de outro modo, não sobreviveria. Uma das vantagens consiste na flexibilidade do ser humano, que pode adaptar-se a situações extremamente diferentes, porque não está ligado a um comportamento instintivo e pode inventar de vez em quando soluções originais para os problemas que se lhe apresentam. Outra vantagem é a possibilidade de transmissão cultural de uma geração para outra, o que está na base do grande progresso humano; assim, enquanto os animais transmitem a seus filhotes somente os conhecimentos inscritos em seu patrimônio genético, que permanecem idênticos por milhões e milhões de anos, os homens transmitem a seus descendentes a sua cultura, isto é, o que aprenderam durante a sua vida. Examinaremos mais detalhadamente esse problema de suma importância.

O INSTINTO ANIMAL: UM PROGRAMA PARA A SOBREVIVÊNCIA

A centelha da vida apareceu na terra muito antes daquela outra grande centelha que é o conhecimento. Por milhões de anos, os seres vivos se reproduziram, alimentaram-se e se transformaram, dando origem às mais diferentes espécies que povoam o planeta, sem que se lhes diminuísse o instinto de existir e a possibilidade de escolher entre fazer ou não fazer.

O acontecimento da sobrevivência pessoal e da própria espécie estava totalmente entregue aos mecanismos instintivos.

O instinto é uma espécie de programa que leva o animal a praticar determinadas ações sempre do mesmo modo, com a finalidade de atingir determinado objetivo, útil para a sua sobrevivência e a da sua espécie.

Para sobreviver, por exemplo, é indispensável alimentar-se e, então, cada espécie desenvolveu um comportamento instintivo para a alimentação, freqüentemente muito original e sofisticado.

A aranha constrói aquela obra-prima arquitetônica que é a teia e depois se coloca no centro à espera de que uma presa nela se emaranhe para, em seguida, correr a devorá-la. No entanto, se rompermos todos os fios da teia, tornando-a inofensiva, a aranha ficará no centro dela, em uma espera inútil, até a morte; ela conhece apenas aquele modo de alimentar-se, e se alguma coisa no mecanismo se desarranja não tem a possibilidade de utilizar outro diferente: suas ações são uma seqüência estereotipada sobre a qual não tem controle algum, ainda que a nós pareçam ações acabadas e até inteligentes.

Assim, por exemplo, a pequena gaivota, que ainda está no ninho, se alimenta tirando o peixe da boca aberta da mãe que volta da pesca. A mãe abre a boca toda vez que o filhote bica em uma mancha amarela que existe no bico da mãe. Pode parecer um exemplo de comunicação e amor, mas não é assim. Com efeito, se pintarmos de branco a mancha amarela, o filhote não bicará, a mãe não abrirá a boca e assistirá, indiferente, à morte, por fome, de sua cria. O mesmo acontecimento mortal se obtém colocando-se no ninho um bico falso, de madeira, com uma mancha mais viva que a do bico da mãe, a pequena gaivota bicará a madeira, e a mãe nunca a alimentará.

Quanto mais se desce na escala biológica, isto é, quanto mais os animais são simples e primitivos, mais rigidamente seu comportamento é determinado pelos instintos.

Obviamente, os instintos são formados através de um processo seletivo muito lento, em que as condições ambientais provocam a morte dos indivíduos menos adaptados e premiam, com a sobrevivência e uma rica prole, os indivíduos que alcançam mais sucesso. Se, por exemplo, nascesse por erro uma aranha que tivesse a capacidade de alimentar-se também das folhas das plantas, além de tecer a teia, certamente viveria muito e teria muitos filhotes, e estes, por sua vez, teriam outros tantos, de tal modo que, depois de algumas centenas de anos, todas as aranhas da terra saberiam comer folhas, porque seriam descendentes daquele progenitor nascido por erro.

Com o ser humano não é assim.

O HOMEM SEM INSTINTOS

O ser humano não tem instintos. Esta é uma fraqueza sua, mas, ao mesmo tempo, a sua força extraordinária. É claro que os humanos também têm a tendência de sobreviver e perpetuar a espécie, mas o modo pelo qual atingem esses objetivos não está escrito em seus cromossomos: são forçados a inventá-lo ou aprendê-lo. No ser humano, portanto, fala-se mais apropriadamente em "pulsões", entendendo-se por esse termo o impulso para a obtenção de determinado resultado (a alimentação, a reprodução, a proteção contra os perigos etc.), sem que seja predeterminado o comportamento a pôr em ação para alcançá-lo.

Isso traz enormes vantagens. Em primeiro lugar, não tendo à disposição um único modo estereotipado de alcançar seus objetivos, os humanos formam a espécie mais adaptável ao ambiente e conseguem sobreviver em todas as latitudes e nas situações ambientais mais hostis: sabem comer os doces frutos tropicais apenas colhendo-os de árvores, mas sabem também pescar talhando a espessa colcha de gelo que cobre o mar nos pólos; se os alimentos são duros, aprendem a cozê-los ou a macerá-los e, como provisão para os períodos de carência, sabem conservá-los de mil maneiras diferentes; podem dormir ao relento se o clima está ameno, mas, se faz frio, e sendo indispensável manter a temperatura do corpo em determinados limites, acendem o fogo, constroem os iglus e confeccionam vestes; ainda prospectam petróleo, fabricam caldeiras, edificam arranha-céus e desintegram o átomo, para obter energia.

Um inesperado congelamento do planeta provavelmente exterminaria grande parte das espécies animais dos climas temperados e tropicais — que não teriam tempo de fazer nascer "por erro" (as mutações genéticas) indivíduos aptos a sobreviverem nas novas condições —, mas não o ser humano. Também não seriam tempos fáceis, mas, certamente, a espécie humana se safaria deles, e os mais afortunados teriam ainda piscinas de água quente para nadar, saborosos frutos tropicais da serra e habitações até bastante aquecidas.

Outra vantagem enorme está no fato de que, enquanto os outros animais morrem junto com os seus instintos que se tornaram inadequados, o ser humano faz morrer as teorias em seu lugar; ele pode "mudar de idéia", isto é: quando uma estratégia apresenta-se inadequada para atingir determinado objetivo, ele pode rejeitá-la e experimentar outra. A seleção humana não precisa da morte dos indivíduos para caminhar rumo a uma adaptação melhor; é suficiente a morte das teorias e das estratégias, que são substituídas por outras mais adequadas. A seleção natural dos tempos morosíssimos cede vez à seleção cultural dos tempos velocíssimos.

Nos outros seres vivos, as informações úteis para a sobrevivência estão contidas e transmitidas por uma "dupla hélice" da molécula de DNA, que se repete e passa de geração em geração. No ser humano, um outro dispositivo cumpre exatamente as mesmas funções (conter e transmitir informações), mas a uma velocidade extraordinariamente superior: o cérebro.

O HOMEM, PROLE INEPTA

Mas, se é verdade que o ser humano não nasce com um patrimônio de comportamentos instintivos que o guiem, pode-se dizer que para tornar-se deveras humano ele precisa de outros da espécie que lhe ensinem como fazer para sê-lo. O homem está programado para aprender. Os filhotes da espécie humana são chamados de "prole inepta" porque, quando nascem, e por um período bastante longo, não sabem como sobreviver; têm necessidade de alguém que se disponha a cuidar deles e, se abandonados à própria sorte, morrem; ao contrário, quanto mais se desce na escala biológica, mais rapidamente os animais são independentes de seus genitores, que, freqüentemente, nem chegam a conhecer.

Isso acarreta duas conseqüências importantíssimas.

Em primeiro lugar, para proteger e criar os filhos por um tempo prolongado, o homem se vê obrigado a constituir uma estrutura social. A origem da família está, com certeza, ligada a esta condição. De fato, os genitores devem manter uma união duradoura, no mínimo para cuidar dos filhos, pois precisam dividir as tarefas de modo que haja quem os socorra, quem se articule para prover o sustento para todos e quem seja perito na defesa contra os predadores ou na construção de abrigos contra as intempéries.

Mas o que é ainda mais importante é o fato de que a criança, ao tornar-se adulta, poderá acumular o tesouro de toda a experiência que lhe foi transmitida e, por isso, cada geração não precisará partir toda vez do zero, mas poderá ir além, construindo sempre mais sobre fundamentos já edificados pelas gerações anteriores.

É como se os filhos pudessem olhar sempre mais longe, porque sobem nas costas de seus pais e os superam.

Os cães de hoje levam a mesma vida de cão dos cães de dois mil anos atrás, e é previsível que daqui a dois mil anos, admitindo-se que ainda existam, continuarão do mesmo modo e, se diferenças houver, não dependerão certamente deles, mas, eventualmente, de nosso modo de tratá-los: cada cão nasce pronto para desempenhar o papel de cão, mas sempre do mesmo modo, e não há muita coisa a ensinar a seus filhotes.

Os humanos de dois mil anos atrás, se tivessem podido ver o nosso mundo de hoje, o automóvel, o avião, a televisão, o telefone, as astronaves e os submarinos não acreditariam em seus próprios olhos. Todo esse progresso foi construído geração após geração, valendo-se das conquistas dos antecessores, buscando novas soluções e criando novos problemas.

Para o ser humano, viver é aprender, e não executar como um robô aquilo que as instruções em seus cromossomos prevêem.

DUAS ESTRATÉGIAS DE APRENDIZAGEM

Se a tarefa do ser humano é aprender, como ela se realiza?

Imaginando um adulto, perceberemos que existem duas estratégias: uma parte do conhecimento forma-se por adesão ao conhecimento dos outros, como quando se estuda uma obra ou se assiste a uma conferência dando crédito ao que está escrito no livro ou em quem está falando (chamaremos a este de "conhecimento aprendido"); outra parte é construída através das experiências pessoais, dos ensaios e erros, da observação da realidade cotidiana, da mesma forma que a criança aprende que a lâmpada acesa queima, porque pôs a mão nela (chamaremos a este de "conhecimento especulativo").

Essas duas estratégias estão presentes desde a infância: a primeira se realiza principalmente através do vínculo inicial com os pais (apego), que é uma ligação de grande conteúdo informativo; a segunda realiza-se através de experiências autônomas da realidade (exploração), que implicam em um progressivo distanciamento dos pais.

Ambas as modalidades de aprendizagem são necessárias e devem se integrar e completar-se reciprocamente. Isso é o que acontece normalmente, tanto que uma boa capacidade de explorar o mundo fundamenta-se precisamente em uma adequada relação de apego, que constitui uma espécie de base segura de onde partir e para onde poder voltar, em caso de perigo.

Nosso interesse pelo apego e pela exploração, que nos leva a dedicar as próximas páginas a esse assunto, deve-se ao fato de que uma das principais causas das fobias reside na exclusão recíproca entre exploração e apego. O fóbico parece ou confiar completamente no apego, renunciando, assim, à exploração, ou acreditar mais na exploração autônoma, tirando pouco proveito de cada ligação. Vamos ver como essa situação desvantajosa e prejudicial se cria na ligação com os pais.

O APEGO PARA APRENDER

Segundo Bowlby (1969), o mais famoso teórico desses problemas, por comportamento de apego entende-se "qualquer forma de comportamento que leve uma pessoa a conseguir ou a manter aproximação com outra pessoa, diferente ou semelhante, considerada, em geral mais forte e/ou mais experiente"[3].

O comportamento de apego está presente sobretudo na espécie humana e nos animais superiores, ao passo que reduz e desaparece gradativamente na escala biológica. Nos seres humanos, os genes codificam não apenas uma série de conhecimentos, como também a própria possibilidade de adquirir e de produzir novos conhecimentos, com a evidente vantagem de aprender com a experiência e poder transmiti-la.

O comportamento de apego do filho e o comportamento de cuidado dos pais são o mais importante canal dessa aprendizagem cultural.

O apego constitui-se na ligação entre o inato e o adquirido enquanto é a tendência natural para adquirir, de um outro, a capacidade de aprender autonomamente disposições não inatas.

O apego é, pois, no desenvolvimento individual, a primeira modalidade utilizada para o crescimento da própria capacidade preditiva, e se realiza através de uma relação privilegiada e quase que exclusiva com um adulto que cuida da criança e que está geneticamente programado como fonte de informações autorizada e disponível.

Mãe e filho têm expectativas recíprocas geneticamente predeterminadas: o filho espera poder confiar na mãe e esta é capaz de toda uma série de discriminações em relação a ele, como tipo de choro, postura do corpo etc., que

---

3. BOWLBY, J. *Apego e perda*, vol 1ª *Apego*. São Paulo, Martins Fontes, 1990, 2ª Ed.

são sinais da expectativa confiante do filho. Nessa base é que surge entre eles a comunicação, desde os primeiros momentos da existência.

UM MODELO DE SI E DO OUTRO EM RELAÇÃO

Na contínua interação com a mãe, a criança desenvolve um modelo da figura de apego que contém convicções sobre a disponibilidade, a acessibilidade e a capacidade da mãe de satisfazer as suas necessidades. Em síntese, a criança deve decidir: "Ela me ama, ou não me ama?". Obviamente, o significado vai muito além da forma verbal, pois envolve uma antecipação positiva ou negativa sobre a capacidade do outro de satisfazer as suas necessidades: "Os outros à minha volta são bons e disponíveis, ou não?".

Ao mesmo tempo, a criança desenvolverá, na interação com a mãe, uma idéia de si mesma que envolve convicções acerca da própria capacidade de suscitar reações positivas na figura de apego e podem ser resumidas em uma frase do tipo "Sou amável, ou não?". Por amável entenda-se: capacidade de chamar a atenção e o interesse do outro.

A partir das respostas que a criança dará a estas duas perguntas fundamentais — "O outro me ama, ou não me ama?", "Sou amável, ou não?" —, ela construirá diferentes estratégias de apego, que chamaremos de "apego seguro", "apego inseguro evitante" e "apego inseguro ambivalente". O tipo de resposta depende das experiências que cada indivíduo adquiriu nos primeiros anos de vida: relação com uma mãe suficientemente boa, quantidade e duração das separações da figura de apego, ameaças de abandono, presença na família de figuras secundárias de apego, que cuidam da criança na ausência da mãe, estímulo para o comportamento de exploração, certeza da disponibilidade da figura de apego, e assim por diante.

1. *Apego seguro*. A um modelo positivo de si corresponderá um modelo igualmente positivo da figura de apego: a confiança na mãe despertará confiança em si mesmo, em um círculo positivo de contínuo e recíproco apoio.

Para exemplificar: "Acredito em você" e "Você acredita em mim", ou seja, como você, em quem confio, acredita em mim, tenho mais motivos para acreditar em mim mesmo, e assim por diante.

A criança confia na disponibilidade e na ajuda de sua figura de apego e, por isso, sente-se segura para explorar o mundo.

A ambas as perguntas fundamentais ela tem respondido positivamente; sente-se amada e amável.

São indivíduos que, quando adultos, suportam com facilidade longas ausências das pessoas queridas e se contentam com gratificações simbólicas (foto, telefonema, cartas) e adiamentos. Têm a tendência de considerar bons o mundo e os outros, e bem dispostos em relação a eles, a menos que ocorra claramente o contrário. São otimistas, têm uma elevada auto-estima e confiança em sua própria capacidade.

O comportamento não apresenta limitações, e eles estão aptos tanto para explorar como para apegar-se, de acordo com a ocasião. A emoção de fundo predominante será a satisfação e a alegria.

Pessoas assim não correm o menor risco de desenvolverem uma sintomatologia fóbica.

2. *Apego inseguro*. O que caracteriza esse grupo é o fato de a um modelo positivo de si corresponder um modelo negativo do outro, ou vice-versa. Existem, assim, duas possibilidades opostas:

a) *Apego inseguro evitante*, em que a um modelo positivo e confiável de si corresponde um modelo negativo e não confiável do outro. A pessoa só confia em si mesma, recusa-se a reconhecer em si alguma fraqueza e nunca pede ajuda aos outros.

O indivíduo considera-se "não amado" e percebe de forma apenas parcial a questão de ser amável ou não; ao mesmo tempo, supõe que não há figura de apego disponível que corresponda às suas carências de proximidade.

Tais pessoas têm certeza que as suas necessidades de cuidados e de atenção, serão respondidas com uma recusa e por isso procuram organizar a própria vida fazendo pouco do amor e do amparo dos outros e objetivando uma auto-suficiência absoluta; freqüentemente, essas pessoas demonstram uma aparente segurança (que se pode definir como "compulsiva confiança em si mesmas") que, todavia, se desmancha dramaticamente diante de acontecimentos muito estressantes, para os quais todos precisam da ajuda dos outros.

Os outros parecem perder qualquer importância diante da instauração de uma espécie de autarquia afetiva: toda a área das ligações afetivas é negligenciada; é possível uma sociabilidade apenas superficial, capaz de evitar, qualquer relação mais profunda ou ligação afetiva mais intensa ou estável. Não procuram afetos e cuidados, desconfiam das relações íntimas e aterrorizam-se com a perspectiva de confiar em qualquer pessoa.

Todo o comportamento estará, forçosamente, voltado para a exploração, que gera o conhecimento especulativo, e será cuidadosamente evitado qualquer forma de apego e de adesão ao conhecimento dos outros.

Geralmente, trata-se de pessoas cuja principal emoção é a depressão.

Esse tipo de relação com modelos é resultado de uma história de recusas dos pais às necessidades inatas de conforto e proteção da criança. No histórico dessas pessoas encontram-se lutas precoces, abandonos e separações prolongadas e repetidas.

b) A*pego inseguro ambivalente* é a relação em que a um modelo positivo e confiável do outro corresponde um modelo negativo e não confiável de si mesmo. A criança confia em sua figura de apego, mas sente que a figura de apego não confia nela; assim, acaba por não confiar em si mesma e, por esta razão, acredita ter absoluta necessidade do outro para sobreviver.

A criança julga-se "amada", mas "não amável".

Não tem certeza de que a figura principal de apego esteja disponível ou pronta para atender quando houver necessidade e atribui essa incerteza a uma inadequação sua; por isso, experimenta uma intensa angústia de separação e tende a agarrar-se ao outro; a estratégia de aprendizagem através da exploração provoca muita ansiedade, porque implica em distanciamento da figura de apego.

Essa relação ambivalente entre o modelo de si e o modelo do outro tem origem em efetivas experiências de separação e ameaças de abandono, do tipo: "Se você não se comportar bem, sua mãe o deixará", "Se você não for forte, não lhe quereremos bem", mas, sobretudo, provém de uma excessiva proteção nas tentativas de exploração da criança que ainda não consegue gerir de forma autônoma os ritmos de aproximação-distanciamento da figura de apego.

Os graus de liberdade do comportamento ficam reduzidos de modo exatamente oposto ao da relação de apego inseguro evitante; de fato, será impraticável o comportamento autônomo de exploração e será forçosamente procurado um apego mais intenso.

A emoção de fundo predominante será a culpa, entendida como sentimento permanente de falta de idoneidade, de jamais conseguir ser como deveria ser, tendo esse "dever ser" sempre definido pelo outro.

Quando adultos, esses indivíduos tornam-se pessoas com sentimentos de inadequação diante das dificuldades, de uma busca inquieta de relações afetivas, dependência dos outros, desconfiança da própria capacidade de suscitar reações positivas nos outros, incapacidade de suportar as separações e busca contínua de um contato mais íntimo com alguém.

Assim, o apego é procurado de forma incessante, mas é constantemente sentido como precário, pela profunda desconfiança em si mesmo. O indivíduo usa a estratégia do "contato íntimo" para jamais perder de vista a figura de apego de cujas opiniões é extremamente dependente. O mundo é visto como ameaçador e o futuro, como solidão: uma solidão que diante das dificuldades será difícil vencer sozinho.

Resumindo, as três formas se apego, é como se à pergunta inata que a criança traz à mãe ou a sua figura de apego — e que se expressa mais ou menos assim: "Você me ama? Está disposta a ficar perto de mim e me ajudar? Quando você for para longe, voltará?", — pessoa com apego seguro está convencida de que a resposta é "Sim". A pessoa com apego inseguro evitante está certa de que a resposta será um seco "Não". E a pessoa com apego inseguro ambivalente pensa que será "Depende de você".

O CONTROLE E O CUIDADO NA RELAÇÃO EDUCATIVA

A idéia de si como amado ou não amado e como amável ou não amável se desenvolve através das relações significativas que se experimentam nos primeiros anos de vida, sobretudo com os pais.

Em particular, parecem ter notável importância o cuidado, isto é, o afeto, o calor, a confiança que a pessoa recebe e o controle a que é submetida ou seja: a superproteção, a intromissão, o desencorajamento da autonomia.

Estas duas dimensões, a do cuidado e a do controle, sempre presentes em toda relação interpessoal, podem ser mensuradas através de dois testes: o primeiro é um questionário elaborado por Parker, Tupling e Brown (1979)[4], que indaga, nessa perspectiva, a relação com os pais; o segundo é um questionário que mede a intensidade do cuidado e do controle nas relações afetivas da vida adulta.

Existe uma fortíssima concordância entre os dois questionários e isso significa que, na vida adulta, tende-se a recriar ligações afetivas muito semelhantes àquelas que se mantinha com os pais.

Reproduzimos aqui o segundo questionário, que foi elaborado por nós mesmos, por ocasião de uma pesquisa com um número grande de pessoas.

A cada pergunta, a pessoa deveria responder "muito verdadeiro" — "relativamente verdadeiro" — "muito falso", obtendo uma pontuação variável de zero a três, conforme a sua resposta.

Medida da intensidade do controle

1. Gostaria que meu(minha) companheiro(a) estivesse sempre junto de mim. (R. "muito verdadeiro" = 3)

2. É importante saber sempre onde está e o que faz o(a) companheiro(a). (R. "muito verdadeiro" = 3)

3. É importante poder sempre entrar em contato rapidamente com o(a) companheiro(a). (R. "muito verdadeiro" = 3)

4. Quando estou sozinho(a), sem o(a) companheiro(a), fico muito inseguro. (R. "muito verdadeiro" = 3)

5. É fundamental ter a segurança de que a relação jamais se acabe. (R. "muito verdadeiro" = 3)

6. Não suporto que o(a) companheiro(a) às vezes se interesse mais por outro(a) que por mim. (R. "muito verdadeiro" = 3)

7. É fundamental que, em um casal, cada um saiba tudo a respeito do outro. (R. "muito verdadeiro" = 3)

---

4. PARKER, G. TUPLING, H. BROWN L. B., "Parental Bonding Instrument" in *British Journal of Medical Psychology*, 1979, 2, pp. 1-10.

8. Não suporto as partidas e as separações em geral. (R. "muito verdadeiro" = 3)

9. Quero saber tudo do passado de meu(minha) companheiro(a). (R. "muito verdadeiro" = 3)

10. É importante conhecer todas as amizades do(a) companheiro(a). (R. "muito verdadeiro" = 3)

Medida da intensidade do cuidado

1. Não acredito que alguém possa interessar-se por mim desinteressadamente. (R. "muito verdadeiro" = 0)

2. Acredito estar destinado (a) a ficar sozinho(a). (R. "muito verdadeiro" = 0)

3. Acontece-me muitas vezes ser protegido(a) pelos outros. (R. "muito verdadeiro" = 3)

4. Estou habituado(a) a contar somente comigo. (R. "muito verdadeiro" = 0)

5. As pessoas se preocupam somente com as coisas delas. (R. "muito verdadeiro" = 0)

6. Os outros geralmente são muito afetuosos comigo. (R. "muito verdadeiro" = 3)

7. Os outros compreendem meus problemas. (R. "muito verdadeiro" = 3)

8. As pessoas que tenho encontrado não têm sabido dar-me o carinho de que preciso. (R. "muito verdadeiro" = 0)

9. Os outros estão muito atentos às minhas necessidades. (R. "muito verdadeiro" = 3)

10. Os outros se preocupam comigo de muito bom grado. (R. "muito verdadeiro" = 3)

Da aplicação desses dois questionários emergiram dois dados muito interessantes, que levam a refletir sobre as características que deveria ter a relação com uma criança, para ajudá-la a crescer saudável.

Em primeiro lugar, quanto mais a pessoa percebe que está sendo cuidada, mais se considera amada pelos outros e passa a ver o mundo e as pessoas bem dispostos a seu respeito. Por outro lado, quem recebeu poucos cuidados, percebe os outros e a realidade como hostis e ameaçadores.

Em segundo lugar, quanto mais a pessoa foi controlada e superprotegida de modo a ficar impedida de caminhar sozinha na descoberta do mundo, tanto mais se sentirá frágil, dependente, necessitada de ajuda, incapaz de enfrentar as dificuldades e, por isso, pouco amável.

As crianças que receberam poucos cuidados desenvolvem, portanto, um apego evitante, ao passo que as crianças que receberam cuidados suficientes conseguirão evoluir rumo a um apego seguro, se tiverem sido pouco controladas, e, ao contrário, rumo a um apego inseguro ambivalente, se tiverem recebido excesso de proteção.

A regra que emerge disso é, pois, atender as crianças de forma amorosa e, ao mesmo tempo, permitir que elas se arrisquem, a partir dessa base de afeto e segurança, a explorar a realidade.

O COMPORTAMENTO DE EXPLORAÇÃO

A exploração é o modo pelo qual a pessoa aprende, por si mesma, a conhecer o próprio mundo, descobrindo coisas novas e modificando aquelas expectativas que, diante da experiência, se demonstraram falsas. Segundo Bowlby (1969): "O comportamento de exploração não é um apêndice do comportamento alimentar ou do comportamento sexual, mas constitui uma classe de sistemas comportamentais que evoluem para a função particular de obter informações do ambiente.

À semelhança de outros sistemas comportamentais, esse também é ativado por estímulos com certas propriedades características e desativados por estímulos com outras propriedades características. Nesse caso, a ativação deriva da novidade e a desativação, da familiaridade.

É propriedade particular do comportamento de exploração o fato de que ele transforma o novo em conhecido e, com esse processo, um estímulo ativador torna-se um estímulo de término.

Um aspecto paradoxal desse comportamento consiste no fato de que as propriedades que despertam a exploração são quase idênticas às que suscitam alarme e fuga"[5].

O comportamento oposto ao de exploração é a fuga e o evitamento, que entram em ação quando a situação que temos de enfrentar não apresenta só aspectos de novidade que despertam a curiosidade, mas é de todo desconhecida e, como tal, amedrontadora e ameaçadora.

A escolha entre exploração e evitamento-fuga dependerá da estranheza da situação; escolher-se-á a exploração quando se perceber que a escolha implica numa ampliação de conhecimentos, mas, se preferirá o evitamento-fuga, quando se percebe que o evento que se tem de enfrentar é muito imprevisível para poder ser compreendido e controlado. A segunda escolha é a preferida de todos os pacientes fóbicos; procuremos entender o porquê.

Ficou comprovado, em numerosas experiências, que uma criança deixa de explorar o ambiente em três casos: quando se amedronta, quando sente-se mal e quando a mãe está se aproximando.

Nesses três casos, a criança suspende a exploração e corre para a mãe. Na prática, volta-se para a mãe quando a sua capacidade preditiva sobre o ambiente (amedronta ou faz mal) ou sobre a própria mãe (a mãe não está por perto), corre risco de diminuir e, conseqüentemente, a exploração, que tem como objetivo ampliar o conhecimento, parece produzir exatamente o efeito contrário.

O apego é preferível à exploração quando a criança se sente fraca e incapaz de enfrentar os eventos que a deixam medrosa, e quando a mãe foge do seu controle, não corresponde às suas expectativas e torna-se imprevisível.

---

5. BOWLBY, J. op. cit.

COMO É INIBIDA A EXPLORAÇÃO

É evidente que os pacientes fóbicos têm dificuldades em explorar e preferem, sobejamente, a fuga. Mas como pode ocorrer essa inibição do comportamento de exploração?

Bateson (1972) escreve: "Pode-se oferecer reforços (positivos ou negativos) a um rato que esteja explorando um objeto desconhecido, e ele aprenderá corretamente a aproximar-se ou afastar-se dele. O objetivo da exploração é, de fato, o de obter informações para saber quais objetos devem ser selecionados e quais serão descartados. A conseqüência da descoberta de que determinado objeto é perigoso também constitui uma conquista nesse processo de aquisição de informações. É um sucesso, e não impedirá o rato de explorar outros objetos desconhecidos"[6].

Disso o que se deduz é que, embora um determinado comportamento de exploração envolva uma descoberta pouco agradável (por exemplo, a lâmpada acesa que queima), que levará o indivíduo a não colocar mais em ação aquele comportamento (aprendi a não tocar na lâmpada), a experiência reforçará a classe comportamental da exploração, porque demonstrou ser útil em trazer informações do ambiente (aprendi que tocar os objetos me faz saber como eles são feitos).

Então, para que se verifique uma inibição da exploração como estratégia de conhecimento, deve acontecer algo diferente, mais grave. Deve ser investigado o estranho caso em que, terminado um comportamento de exploração, nota-se que o conhecimento global que o indivíduo tem de si, do mundo e das pessoas que lhe são significativas diminuiu em vez de aumentar.

A nosso ver, esse caso advém do interior da relação com uma mãe que é freqüentemente superprotetora, ansio-

---

6. BATESON, G. *Verso un'ecologia della mente*, Adelphi, Milano, 1976.

sa, sempre preocupada com doenças. Essa mãe é, muitas vezes, fóbica e tende, de todos os modos, a manter a criança perto de si e a inibir seu comportamento de exploração.

Isso pode ocorrer principalmente de quatro modos:

1. Quando a criança começa a explorar e afastar-se, a mãe torna-se imprevisível a seus olhos, porque muda inesperadamente de humor, ou se afasta, ou ameaça abandoná-la ou ainda recusa a aproximação da criança quando ela volta. A mãe não se limita, pois, a não permitir à criança afastar-se com uma proibição, mas faz isso confundindo as idéias da criança sobre as relações entre ambas.

2. A mãe transmite à criança a idéia de que é frágil, doentia, fraca, necessitada de ajuda e de proteção e que não pode se virar sozinha.

3. A mãe descreve para a criança o mundo externo como hostil, cheio de incógnitas e perigos porque ela mesma o experimenta assim.

4. A mãe interpreta cada manifestação emotiva da criança (choro, excitação, medo) como se se tratasse de um sintoma de doença, e assim a criança aprende a não discriminar suas emoções como um sinal útil de seu estado de espírito, mas interpreta-as como algo perigoso que deve ser evitado.

EXPLORAR OU APEGAR-SE

É esse o dilema fundamental diante do qual se vê a criança que se tornará candidata à fobia, e que viveu, por longo tempo, as manobras aqui descritas que a mãe pôs em prática, inconscientemente, para mantê-la perto de si. Ela fica na obrigação de escolher entre duas alternativas absolutamente opostas: ou explora o mundo externo renunciando à sustentação do apego, ou mantém um apego fortíssimo à mãe renunciando a explorar e a contar com suas próprias forças.

Qualquer das alternativas que escolha, ela ficará exposta ao risco de desenvolver, em conseqüência, uma fobia; de fato, o que é característico e patogênico é a recíproca exclusão entre exploração e apego. Normalmente, um apego sadio facilita uma boa exploração, e vice-versa: a criança fica segura de si e parte, de bom grado, para a descoberta do mundo, quanto mais souber poder contar com uma base segura, que a sustenta e a encoraja, e à qual pode voltar a qualquer momento.

No caso da incompatibilidade recíproca entre exploração e apego, haverá duas possibilidades opostas. Ficará privilegiada a exploração, se houver um comportamento de compulsiva confiança em si mesma que a afaste de qualquer forma de ligação afetiva; ficará privilegiado o apego, se for insegura e apoiar-se na dependência total dos outros, na incapacidade de ficar sozinha, convencida de sua própria fraqueza.

A seguir, dependendo da escolha feita, modelar-se-ão dois diferentes tipos de personalidade pré-doentias aparentemente opostos: uma, totalmente dependente, outra, exageradamente independente, mas ambas correndo o risco de desenvolverem uma fobia.

Em pesquisa anterior (Lorenzini, Sassaroli, 1987), verificamos que 70% dos pacientes fóbicos tinham tido um apego inseguro ambivalente e comportamento de extrema dependência na fase pré-doentia, enquanto os restantes 30% apresentavam um apego inseguro evitante e comportamentos de independência muito acentuados. Ao contrário, todas as pessoas do grupo de controle (normais e outras nervosas não fóbicas) apresentavam um apego seguro.

AS RELAÇÕES INTERPESSOAIS

As pessoas que manifestam fobia, freqüentemente, são casadas ou mantêm relações duradoras com parceiro(a)s que se preocupam muito com elas, chegando a sacrificar boa parte de sua vida para ficar junto da pessoa que sofre e acompanhá-la constantemente.

Em aparente contraste com isso, muitas vezes o(a) parceiro(a) se opõe energicamente à terapia, apregoa sua pouca valia, manifesta ciúmes por ficar fora do tratamento terapêutico, expõe sua impaciência aos primeiros sinais de mudança e de autonomia por parte do paciente, como se a situação vivida, não obstante todos os agravantes que trazia consigo, fosse, para ele, preferível.

Parece, portanto, que, freqüentemente, também o(a) parceiro(a) "são/sã" apresenta distúrbios semelhantes aos do paciente fóbico, os quais, entretanto, não se manifestam claramente, ficando até livres da sintomatologia observada no paciente de fato. Ele também tem medo de ficar abandonado e não conseguir enfrentar a vida sozinho. A doença do outro é, para ele, uma garantia: enquanto o outro não ficar curado, ele não correrá risco de ficar sozinho. Acompanhado e acompanhante, apesar da diferença de papéis, fazem-se companhia alternadamente.

Em nossa prática clínica, verificamos que 20% dos acompanhantes de pacientes fóbicos, logo que estes se curavam, apresentavam sintomas fóbicos.

Se ambos os membros de um casal apresentam problemas fóbicos, é suficiente que um manifeste a sintomatologia para que o outro se sinta garantido. Este último, inconscientemente, tenderá a confirmar o paciente nos aspectos mais patológicos para assegurar-se da sua dependência e fará isso reutilizando as mesmas estratégias postas em prática pela figura de apego, isto é, descrevendo o mundo como perigoso e o(a) parceiro(a) necessitado(a) de uma ajuda que não lhe virá a faltar, contanto que não demonstre veleidades de independência.

O marido de uma paciente nossa, a qual, há catorze anos não conseguia entrar em um elevador, ficava obrigado a acompanhá-la sempre que ela ia às compras, pois moravam no sétimo andar de um prédio residencial. A primeira vez que a esposa entrou sozinha em um elevador, o marido comentou o fato como uma grande e difícil conquista pois, a seu ver, o elevador era efetivamente perigoso, porque ouviu falar que uma mulher havia ficado presa nele um mês e a haviam encontrado morta por causa da fome, não obstante tivesse tentado sobreviver comendo o próprio braço. O que choca não é propriamente a falsidade da história, mas sim a inoportunidade de externá-la em um momento que soa claramente como uma sabotagem à terapia. Dois meses após o restabelecimento da paciente, o marido nos procurou, porque não mais conseguia atravessar a rua sozinho.

A DIFICULDADE DE VIVER AS PRÓPRIAS EMOÇÕES

As pessoas fóbicas apresentam grande dificuldade em viver e reconhecer com clareza as emoções que experimentam. Apresentam pouca confiança, pouco discernimento, muita confusão ao se definirem, e a tendência a confundir todas as emoções intensas com a ansiedade, as preocupações, a angústia, o medo.

Essas pessoas tendem a definir-se sempre como "tensas, ansiosas, nervosas", mesmo em situações que, para os outros, não passariam de medo, preocupação, aborrecimento, expectativa de um evento desconhecido, excitação e alegria.

Conversando com pessoas fóbicas, tem-se a impressão de que conhecem apenas poucas definições para descrever estados também eles muito diferentes entre si, como se a substância de cada emoção pudesse levar à diferença entre "medo" e "tranqüilidade".

Encontramos, com freqüência, definições do tipo "doente", "fraco", "incapaz", "nervoso"; tudo remete à diferença entre "estado de tranqüilidade", de um lado, e "medo, descontrole", de outro.

Quando essas emoções são vividas, elas não são reconhecidas como estados articulados e diferentes, "mas como estar tomado por alguma coisa perigosíssima, que levará a uma perda de controle sobre si mesmo, sobre o próprio corpo, sobre a própria mente".

Quando uma pessoa com problemas dessa natureza vive uma crise real de ansiedade, tem a confirmação da extrema ameaça e periculosidade inerente à emoção vivida: "Se estou tão mal, ficarei doido ou terei um infarto e morrerei, nada poderá me salvar..."; esse temor de viver as emoções se manifesta não somente nos estados emotivos negativos, mas também nos positivos: uma emoção positiva forte pode implicar numa perda de controle ou numa loucura.

É evidente como, crendo-se em uma semelhante teoria das emoções (perigosas e ameaçadoras para a integridade da própria identidade), se tenda a "manter tudo sob controle", não namorando, não gritando, não se enraivecendo, não mais mantendo relações sexuais.

COMO SE APRENDE A IGNORAR E TEMER AS PRÓPRIAS EMOÇÕES

A pergunta é a seguinte: como fazer para impedir alguém de conhecer e explorar as próprias emoções?

Substancialmente de dois modos.

Antes de mais nada, pode acontecer que os pais definam para o filho cada estado de excitação ("Está correndo e transpira; está agitado porque espera um colega de escola; está cansado") como perigoso sintoma de doença ou fraqueza, ou como alguma coisa que perturba o equilíbrio e deve, portanto, ser evitado. Por exemplo, a criança está toda feliz e animada por algum motivo, isso é bloqueado e interpretado como: "Você está doente, você está cansada, ou você adoeceu e precisamos levá-la ao médico!". A criança aprende, gradativamente, que não é útil conhecer, os estados de excitação que eles não são naturais, e que representam uma ameaça da qual é necessário defender-se.

Outro modo de impedir um ser humano de conhecer as próprias emoções é não deixá-lo, em momento algum, sozinho a experimentar o seu próprio mundo.

Para que possa sentir raiva, namorar, sofrer, ficar alegre, para que possa conhecer-se, é necessário ter tido a oportunidade de experimentar. Para que isso ocorra, os pais não devem intervir de imediato, nos momentos de solidão, distraindo a atenção da criança de suas experiências interiores.

É preciso saber estar presente, mas é preciso também ser discreto, não podador; é preciso consentir na exploração do próprio mundo, das próprias emoções. Tal procedimento, com certeza, não produzirá uma futura pessoa fóbica. Mas aí está a tendência familiar de intervir, definir, insistir, invadir e a dificuldade em proporcionar um espaço autônomo para o conhecimento de si mesmo e dos estados emocionais. É evidente que pais que agem assim não têm culpa, não são maus, querem fazer tudo por amor ao próprio filho, mas fazendo assim lhe transmitem, involuntariamente, o próprio medo.

CONCLUSÕES SOBRE ETIOLOGIA

Como conclusão deste capítulo sobre etiologia, isto é, sobre as causas geradoras da fobia, retomaremos, em breves palavras, o que até aqui foi escrito. As causas principais são, substancialmente, de dois tipos: a oposição e a incompatibilidade que a pessoa imagina entre a exploração e o apego e a incapacidade de reconhecer as emoções. Ambas têm origem no relacionamento com os pais.

A) A oposição entre exploração e apego obriga o indivíduo a escolher entre duas alternativas: "Se exploro o mundo, renuncio ao apego"; "Se mantenho o apego, renuncio a explorar". Para qualquer das alternativas que a pessoa opte, ela utilizará apenas uma das duas grandes estratégias de desenvolver o conhecimento; se escolher o apego, se tornará incapaz de enfrentar sozinha a realidade; se escolher a exploração, ficará incapaz de ligações afetivas profundas.

Tal oposição se deve a repetidos insucessos do comportamento de exploração que, quando posto em prática, acaba por acarretar uma diminuição, e não um aumento, do conhecimento. Isso só deverá acontecer se a mãe, ou quem tiver exercido esse papel nos primeiros anos de vida:

— assumiu atitudes imprevisíveis diante do comportamento de exploração do filho;

— transmitiu-lhe uma imagem de si mesmo como fraco, débil, doentio;

— descreveu-lhe o mundo exterior como hostil, cheio de incógnitas e de perigos.

B) A capacidade de provar emoções é mínima; as emoções são pouco diferenciadas, e experimentá-las é visto como uma ameaça a ser evitada o quanto possível. Isso só deverá acontecer se:

— a mãe decodificou as emoções que a criança manifestou (choro, excitação, medo) sempre como sintomas de fraqueza e doença, favorecendo, na própria criança, a convicção de que toda atividade neurovegetativa é um perigo a ser evitado;

— à criança foi inteiramente vedado experimentar seu mundo interior por contínuas interferências dos pais que, chamando-lhe a atenção, impediram-na de ter a experiência da solidão.

Capítulo III

ETIOPATOGÊNESE E HISTÓRIA CLÍNICA OU COMO SE ADOECE E COMO A DOENÇA SE DESENVOLVE

A PERSONALIDADE PRÉ-MÓRBIDA

Já vimos que o início da fobia é, normalmente, inesperado, sem sintomas premonitórios que possam fazer suspeitar de um estado de desconforto ou de inépcia. Esse início tem lugar, freqüentemente, entre o final da adolescência e o começo da juventude, quando o(a) jovem se defronta com o afastamento da família, a tomada de responsabilidades, a criação de novas ligações afetivas.

Todavia, mesmo que não haja sintomas reais e precisos sintomas antes do início da fobia, a personalidade de quem está prestes a manifestar uma fobia é desde logo característica.

Toda a problemática em torno da qual foi construída a sua vida gira em torno da questão "autonomia-dependência", que são vistas como reciprocamente excludentes, de modo absolutamente radical.

A pessoa escolhe para si uma das duas alternativas e a desenvolve exageradamente, de modo quase caricatural, descuidando-se por completo da polaridade oposta. Especializa-se em uma das duas modalidades de ver-se a si mesma e aos outros e torna-se inteiramente incapaz de utilizar a outra modalidade, como se isso jamais fosse necessário.

É evidente como essa excessiva especialização torna frágil o sistema diante de eventuais mudanças que se fizerem necessárias.

Portanto, as personalidades pré-mórbidas são de dois tipos e uma é o oposto radical da outra.

AS PESSOAS "AUTÔNOMAS"

Trata-se daquelas pessoas que demonstram, para dizê-lo com palavras de Bowlby (1973), uma "compulsiva confiança em si mesmas". Ele escreve a propósito do assunto: "Tais pessoas manifestam um comportamento de apego oposto ao de tipo ansioso. Longe de buscarem afeto e cuidados nos outros, tendem a mostrar firmeza de caráter e a fazer tudo sozinhas em qualquer circunstância. Em conseqüência, essas pessoas tendem a cair em depressão [...]. Muitas delas têm tido experiências não diferentes daquelas que desenvolvem um apego de tipo ansioso; elas, porém, têm reagido diversamente, inibindo sensações e comportamentos de apego e repelindo todo e qualquer desejo de relacionamento mais profundo com alguém".

Toda a sua identidade está construída em torno da idéia de serem "fortes e sozinhas". "Sozinha" significa não ter nunca necessidade dos outros, não provar necessidades afetivas, não sofrer com as separações nem se alegrar com as ligações.

"Forte" significa, por sua vez, capacidade de enfrentar toda e qualquer situação por mais nova e difícil que seja, sem experimentar a mínima dificuldade, incerteza ou emoção, com absoluta frieza e segurança.

Os termos "forte" e "sozinha" estão estreitamente ligados e aqui se evidencia aquela oposição nítida entre apego e exploração, a dicotomia absoluta entre autonomia e dependência, que é característica da patologia fóbica e torna o sistema exposto aos riscos da crise. É como se a pessoa se dissesse: "Se, e somente se, sou forte, sou também necessariamente só e vice-versa, isto é, somente se sou só, sou igualmente forte".

Não está previsto, em semelhante modo de pensar, que seja possível não estar só e continuar sendo forte. A consolidação de uma ligação afetiva (por exemplo, o casamento ou o nascimento de um filho) em um sistema assim muito rígido invalida não somente a própria idéia de si como "sozinho(a)", mas também de si como "forte".

Os jovens, em geral, são muito ativos, não têm medo de nada e, não raro, alcançam muito sucesso; não dão preocupação para os pais; vão estudar, sem problemas, longe de casa; têm muitos amigos e muitos namoricos, mas sem nenhuma expressão do ponto de vista emotivo; vivem, ao contrário, totalmente empenhados em alcançar os objetivos concretos que se traçaram; parecem muito racionais e calculistas e não se deixam nunca abater pelas emoções, que parecem desconhecer, tornando-se até um pouco cínicos.

Veremos adiante quais acontecimentos poderiam colocar em crise pessoas desse tipo e desencadear fobias, que rapidamente as transformariam em pessoas completamente diferentes.

PESSOAS "DEPENDENTES"

São pessoas com um apego do tipo inseguro ambivalente (ou ansioso, na terminologia de Bowlby). Vivem em constante angústia de perder as pessoas que lhe querem bem, estão em contínua busca de ligações afetivas, sem as quais parece-lhes impossível enfrentar as dificuldades da vida para as quais se sentem absolutamente despreparadas; são extremamente desconfiadas acerca da própria capacidade de se fazerem amar e acreditam que, mais cedo ou mais tarde, os outros, percebendo seu pouco valor, abandoná-las-ão ao seu destino de solidão.

Toda a sua identidade está construída em torno da idéia de serem "débeis e apegados", onde "apegado" significa ter absoluta necessidade, para poder sobreviver, de que alguém lhes queira bem e se ocupem constantemente deles, tomando conta de todas as suas carências e protegendo-as de todas as dificuldades.

"Débil" significa incapaz de enfrentar qualquer novidade que requeira um mínimo de esforço ou de empenho.

Também nesse caso, os dois termos estão indissociavelmente ligados, como se a pessoa se dissesse: "Se, e somente se, sou débil, sou também necessariamente apegada e vice-versa; isto é, somente se sou apegada, sou também débil".

Não é previsível que alguém possa ser, ao mesmo tempo, apegado e forte, ou só e débil: tais possibilidades intermediárias estão de todo excluídas.

Nessas pessoas há mais continuidade entre a personalidade pré-mórbida e a que se estruturará depois do início sintomatológico. Desde pequenas, são muito medrosas, buscam a companhia dos pais e dos adultos de preferência à dos de sua idade, não gostam dos jogos em que podem se sair mal e se preocupam muito com danos físicos.

Freqüentemente, manifestam a fobia na hora de ir para o colégio, isto é, um forte mal-estar físico (por exemplo, vômito, febre) no momento de se afastar da segurança dos pais.

Durante a adolescência, raramente se ocupam de experiências em grupo, típicas da idade, e quase nunca viajam para férias ou acampamentos. Eventualmente, envolvem-se afetivamente com um amigo ou amiga do coração, mas a ligação privilegiada fica sendo aquela com os pais em quem depositam uma confiança absoluta, sinal da malograda separação deles. Nunca tomam decisões por si mesmas, têm incerteza de tudo e confiam totalmente na autoridade e no parecer dos outros.

Jamais expressam agressividade, são muito acomodadas e evitam qualquer conflito, levadas pela preocupação de serem bem vistas pelos outros, dos quais podem vir a ter necessidade.

A PRIMEIRA CRISE

Ambos os tipos de personalidade pré-mórbida, isto é, com risco de manifestar a fobia, podem viver tranqüilamente, sem sintoma algum durante anos e, provavelmente, em alguns casos afortunados, até a vida toda.

Na verdade, a sua especialização caricata, uns na autonomia, outros na dependência, pode fazer com que obtenham notáveis sucessos. O que aprenderam a fazer (contar somente consigo os primeiros, e agarrar-se aos outros os segundos) fazem-no constantemente e, por isso, sabem fazê-lo muito bem. O problema aparece quando se vêem na obrigação de se arriscarem em um papel totalmente desconhecido.

É aquele momento em que a ansiedade se desencadeia, sendo ela própria, na sua essência mais profunda, a consciência de que os eventos que temos de enfrentar são de todo desconhecidos, não temos sobre eles sequer a mínima previsão e, portanto, não podemos controlá-los.

O candidato a manifestar fobia diante de um evento que o impede de continuar a pensar-se como ele era antes e a comportar-se em conseqüência disso, não pode mudar porque a alternativa oposta, precisamente por nunca ter sido considerada, jamais se desenvolveu, e, por isso, é falha de indicações concretas de comportamento, é o vazio, o desconhecido.

A pessoa fica, pois, sem poder utilizar o esquema de referência sobre si mesma, em torno do qual havia construído o cerne de sua identidade e, ao mesmo tempo, não tem alternativas praticáveis.

Se não pode mais considerar-se autônoma (forte e sozinha, todo o seu mundo, a sua capacidade, o seu modo de agir, que provinha diretamente dessa premissa de ser absolutamente autônoma não é mais aplicável, não funciona mais. O mesmo vale para aquelas pessoas que se consideravam dependentes (débeis e apegadas) e inesperadamente descobrem não sê-lo mais.

É importante salientar novamente que o mal-estar não se origina do ter de pensar em um modo novo considerado menos agradável (não é uma questão de conteúdos, para os quais, por exemplo, é preferível ser autônomo a ser dependente), mas, antes, do fato de que a nova construção de si fica privada de capacidade preditiva.

SITUAÇÕES DESENCADEADORAS

Examinemos agora o que faz o paciente fóbico sentir-se mal e como isso ocorre. Quando falamos em situações desencadeadoras, referimo-nos a algumas situações existenciais que se verificam alguns meses antes do início da sintomatologia manifesta e que constituem uma invalidação para uma das duas idéias centrais com as quais a pessoa se constrói a si mesma ("forte e sozinha" — "débil e apegada").

A situação desencadeadora é, portanto, o contexto geral em que ocorre o primeiro episódio agudo de ansiedade e, normalmente, na consulta médica a pessoa não a toma como responsável pelo seu estado, ou melhor, não vê uma ligação senão cronológica entre ela e o distúrbio acontecido.

De qualquer modo, podemos dizer que a situação desencadeadora é a verdadeira causa da fobia, o evento que coloca em crise uma organização que, até aí, vinha funcionando de modo satisfatório.

Outra coisa são os "eventos temidos" que o paciente conhece muito bem e que representam a causa direta do próprio mal, mas que, ao contrário, são somente o papel tornassol que evidencia como o novo modo de ver-se a si mesmo é inadequado para enfrentar a realidade. Na prática, a perda do emprego ou a separação da mulher entram na categoria das situações desencadeadoras, ao passo que atravessar uma praça ou tomar um elevador na dos eventos temidos.

Empregaremos, com freqüência, o termo invalidação na seqüência de nosso trabalho; com ele se entende a colocação em ação do fracasso das previsões anteriormente feitas. Por exemplo, se eu chego a ser o primeiro aluno de minha classe e depois sou reprovado, minha idéia de ser "inteligente" fica invalidada, e eu devo tomar consciência disso, a menos que eu queira começar a delirar, sustentando que eu sou efetivamente inteligentíssimo e, por isso mesmo, os colegas me invejam e tramaram uma conspiração contra mim.

Se me construo como "sozinho(a)" e, dentro de alguns meses, me encontro casado(a) e com trigêmeos a caminho, minha idéia de ser "só" fica invalidada.

Teremos, portanto, quatro categorias de situações desencadeadoras. As situações que invalidam a idéia de "só" e a idéia de "forte", às quais serão sensíveis as pessoas que, em fase pré-morbosa, demonstravam uma compulsiva confiança em si mesmas e que chamamos de "autônomas".

As situações que invalidam a idéia de "apegado(a)" e a idéia de "débil", às quais cederam aquelas pessoas que, em fase pré-morbosa, apresentavam uma dependência caricata fundada em um apego inseguro ambivalente.

Obviamente, o que é decisivo não é a situação em si, mas o modo como a pessoa a interpreta, o significado que lhe atribui. Por isso, ocorre sempre olharmos as coisas com os olhos do paciente e jamais generalizar excessivamente.

Um luto, por exemplo, parece a clássica situação de perda na qual o que fica invalidado é a idéia de ser "apegado", e a pessoa passa, inesperadamente, a ficar sozinha.

Mas nada impede que, na mente de determinada pessoa em particular, a perda da mãe não seja uma invalidação da idéia de ser "frágil", porque pode pensar que, enfim, é ele o chefe da família, quem deve tomar as rédeas da situação e, percebendo que não é assim tão incapaz, começa a considerar-se "forte". Outra pessoa poderia interpretar a perda da mãe como uma invalidação do pólo "só" e, pela primeira vez em sua vida, sentir-se sufocantemente "apegada": até o momento ela sempre se sentiu livre, mas agora sabe que não pode mais abandonar o velho pai doente a quem vieram a faltar os cuidados da esposa.

Não existe, pois, uma verdade absoluta e objetiva, mas tantas verdades subjetivas quantos são os possíveis modos de avaliar uma situação, e é mesmo a verdade subjetiva que fica valendo.

Ao classificar, portanto, as situações desencadeadoras, opera-se uma generalização, que será depois verificada caso por caso. É óbvio que um luto, na maior parte dos casos, invalida a idéia de estar "apegado(a)", e um casamento, a idéia de estar "só", mas isso somente "na maioria dos casos", o que não quer dizer "sempre".

AS SITUAÇÕES DESENCADEADORAS PARA OS "AUTÔNOMOS" (FORTE-SÓ)

1. *Quando fica invalidado o pólo "forte":*

Isso pode ocorrer no curso de algumas doenças físicas, uma crise de angina pectoris, ou um ataque cardíaco, ou excesso de colesterol no sangue etc., mas também por um acidente ou qualquer ferimento. A sensação de não mais se ver como "forte" pode ocorrer ainda em situações em que a pessoa tenha sabido ou presenciado algum trauma, doença ou acidente com uma pessoa amiga ou algum parente chegado. É importante saber o que a pessoa pensou em tais circunstâncias: "Isso pode acontecer também comigo!" Por exemplo, amiúde o início da fobia é conseqüência de a pessoa haver assistido a um grave acidente automobilístico, e há pelo menos duas ordens de motivos pelos quais uma ocorrência do gênero pode constituir uma invalidação da idéia de si como "forte". Em primeiro lugar, salta automaticamente a constatação da precariedade da vida e de como, de um momento para o outro, e sem culpa nenhuma, alguém poderia encontrar-se no fim da vida em um leito de hospital. Em segundo lugar, a pessoa pode ter experimentado, naquele momento, uma forte emoção e nada ter conseguido fazer para socorrer a(s) pessoa(s) acidentada(s), o que pode ter sido, mais tarde, reinterpretado como sinal de fraqueza e incapacidade.

Não é necessário que o dano físico seja grave; o decisivo é que, pela primeira vez, a pessoa se depara com a idéia de uma possível fraqueza, de certa vulnerabilidade.

Uma mulher de trinta e cinco anos de idade, que enfrentou sem dificuldade alguma a perda de um cunhado muito jovem e de seu pai, demonstrando em tal ocasião uma força de ânimo inesperada, quase como se lhe tivessem multiplicado as forças (o que não admira, já que são acontecimentos que reforçam a idéia de estar "só"), ficou, mais tarde, abalada por causa de um evento inteiramente banal. Polindo o rodapé do andar térreo de sua casa, levantou-se inesperadamente e deu uma violenta cabeçada no parapeito da janela. A dor foi muito forte e, por alguns dias, ficou acamada com dor de cabeça. Apesar de todos os exames terem mostrado que nada de mais grave ocorrera, a mulher não mais ficava em casa sozinha e só saía em companhia da mãe. Ela, que sempre foi considerada uma espécie de machoa, ativa, decidida, resoluta, desligada de tudo e de todos, contando, com sucesso, em suas próprias forças, pela primeira vez, naquele momento, manifestou a sua fragilidade, percebeu que sua vida dependia da resistência de uma veia oculta do cérebro que, se rompida no acidente, teria provocado um hematoma mortal.

Um rapaz de vinte e oito anos de idade, bombeiro voluntário e que, para felicidade sua e dos colegas, não sabia o que era medo e, por isso, era chamado para cuidar de todas as coisas mais desagradáveis e horripilantes, começou a passar mal depois da morte inesperada, por infarto, de um grande amigo exatamente de sua idade, e que não apresentara anteriormente sintoma algum de distúrbio cardíaco. Indo ao médico, o rapaz reconheceu que, até aquele momento, jamais pensara que uma desgraça daquelas pudesse acontecer com ele, eram sempre coisas que atingiam os outros, ele era forte e estava muito bem. Sozinho no velório de seu grande amigo que era, como ele, jovem e sadio, pensara, pela primeira vez, em sua morte como um acontecimento possível e concreto. Agora estava dominado pelo medo não tanto pela dor por causa da morte do amigo mas por si mesmo. É inútil dizer que, naquele momento, não pensou, que se tratasse de fato de medo (isso ele percebeu muito tempo depois), de resto, ele não tinha medo, mas também estava mal e sofria do coração.

2. *Quando fica invalidado o pólo "só":*

Em tais casos, a pessoa não pode mais se ver "sozinha" como sempre se considerava.

Se está para casar, se está noiva, se está grávida, se vai para uma pousada na primeira noite de núpcias, a doença do parceiro a faz pensar que "não pode mais deixá-lo e deve ficar com ele para sempre".

A história das ligações afetivas nos tempos que precedem o início sintomatológico é reconstituída escrupulosamente. É evidente que cada ligação que se cria se estabiliza, se aprofunda, se oficializa, torna-se, para essas pessoas, uma ameaça absoluta à idéia de si mesma como sozinha e independente.

É freqüente que os sintomas se manifestem logo antes ou logo depois do casamento ou durante uma gravidez, que é vista como o acontecimento que acarreta, verdadeiramente, uma ligação inseparável. Uma mulher de vinte e oito anos de idade, que trabalhava por conta própria, gostava muito de viajar e mantinha várias aventuras sentimentais, manifestou levíssimos sintomas claustrofóbicos sem motivo aparente e, por isso, evitava metrôs e elevadores, mas de resto sua vida corria com sucesso e ela se considerava muito bem. Ela atribuía esses leves sintomas ao fato de ter sido a segunda de um parto de gêmeas; por negligência médica, ela nasceu dezoito horas depois da irmã e em outro hospital. Três meses depois da primeira crise de ansiedade foi consultar um especialista em decorrência desta crise deixou de sair de casa e parou de trabalhar.

A crise ocorreu logo depois de um evento considerado agradável. Ela e o namorado, após de três anos de namoro, resolveram casar-se e comunicaram essa decisão em um jantar reunindo as duas famílias, que se alegraram e deram ao casal um bom presente em dinheiro.

Mas em seguida decidiram adiar o casamento, e a sintomatologia aguda desapareceu inesperadamente.

Naturalmente, não se trata do fato de que ela não gostasse de seu noivo e, por isso, não quisesse casar-se com ele: pelo contrário, foi exatamente o fato de sentir por ele uma forte atração que a fez pressentir o perigo de ligar-se efetivamente a ele, e isso a amedrontava. Tais pessoas podem até casar-se, mas fá-lo-ão com pessoas com as quais não estejam excessivamente envolvidas, podendo manter, com segurança certo distanciamento ou, com a reserva mental de poder deixá-las a qualquer momento. Não raro experimentam a sensação alentadora de nunca estarem totalmente envolvidas, conduzindo duas histórias paralelas: assim, nunca estão completamente nem em uma, nem em outra.

Recordemos que a escolha de não ligar-se a ninguém e de contar apenas consigo mesma se fundamenta nas experiências infantis de recusa e de abandono, para quem a pessoa, no momento em que se envolve plenamente, sente a desagradável sensação de ter que confiar totalmente em quem não é confiável, como se estivesse sendo conduzida pelo braço por um bêbado, que de um momento para outro pode cair.

Naturalmente, como esse tipo de pessoas é bastante numeroso, é provável que se aproximem umas das outras, constituindo casais felizes com a regra implícita de nunca se envolverem profundamente e de manterem uma justa e tranqüilizadora distância.

AS SITUAÇÕES DESENCADEADORAS PARA OS "DEPENDENTES" (DÉBIL-APEGADO[A])

3. *Quando se torna invalidado o pólo "apegado":*
Esse tipo de situação desencadeadora é, quiçá, o mais freqüente. A pessoa sofre a perda de outra a quem estava estreitamente ligada, uma morte, uma separação, uma partida. A perda pode até não acontecer; basta que seja temida ou ameaçada.

Se temos de nos separar de nossa família, se descobrimos uma traição do(a) parceiro(a), em suma, se, estamos prestes a experimentar ou poder experimentar um abandono, as pessoas a quem estamos ligados não podem mais estar sob nosso estrito controle.

É preciso ficar muito atento porque, ao contrário da situação analisada anteriormente e da que analisaremos a seguir, as situações de perda são geralmente consideradas desagradáveis por todos os seres humanos em todas as culturas, e a universalidade dos rituais do luto testemunha precisamente isso.

No consultório médico, é freqüente ouvir-se repetir, como uma espécie de refrão: "Tive esgotamento nervoso logo depois da perda de..." e se acaba aceitando facilmente essa versão.

É preciso distinguir a dor causada pela perda, que é absolutamente fisiológica (quando assume caracteres patológicos pela intensidade e duração, caracteriza-se como outro distúrbio psiquiátrico chamado "depressão") do mal-estar que, em tais situações, a pessoa fóbica experimenta e que, na realidade, é apenas medo. Medo de não conseguir viver sozinha, de estar, enfim, em poder de um mundo hostil que ela não sabe enfrentar. É a mesma sensação que experimentaria o coxo perdendo a sua muleta, ou o cego perdendo seu cão de guia: não se trata de dor, mas de medo, de desorientação. Naturalmente, no caso de um luto, em um paciente fóbico, além do medo, existe a dor, e é ela que aparece primeiro e mais facilmente, porque mais socialmente compreensível e aceita, e é por isso mesmo que se pode incorrer em erros de avaliação.

Uma jovem de vinte e quatro anos de idade, casada, mãe de três filhos, teve a primeira crise de ansiedade quando, certa noite, acordando, não encontrou o marido a seu lado na cama. Desde então, descobriu que o marido passava grande parte da noite jogando com os amigos, e ela toda noite o esperava até o dia clarear, implorando a companhia de vizinhos, porque temia que, se ficasse sozinha em casa, na certa morreria de infarto e até a manhã seguinte ninguém ficaria sabendo. Evidentemente ela estava muito aborrecida com o comportamento do marido, que a constrangia a viver na indigência por jogar, à noite, o dinheiro que ela ganhava de dia como empregada doméstica e, ademais, temia que ele tivesse outra mulher, mas apesar de tudo isso, ela não conseguia lhe dizer sequer uma palavra de reprovação, como todos reiteradamente aconselhavam-na a fazer.

Recriminá-lo era impossível, porque temia que ele, irritado com suas admoestações, a abandonasse, e isso seria, para ela, totalmente catastrófico. Não tanto pela perda de um homem que ela sabia ter muito pouco valor, mas porque, diante da perspectiva de ficar sozinha, pensava: "Que faço? Para onde vou? Não consigo ficar sozinha. Não consigo pensar por mim mesma. Não sei fazer nada. Tenho medo de tudo sem ele".

Às vezes é mais difícil que a pessoa reconheça como situação desencadeadora um acontecimento que, (embora, em seu íntimo tenha sido elaborado como uma perda que a fez, de um momento para outro, sentir-se só) é socialmente considerado como um acontecimento prazeroso, que causa alegria. Exemplo típico é o casamento de um filho ou de uma filha que pode provocar situação desencadeadora para um dos progenitores, ao qual, no entanto, parece inconcebível pensar e admitir que esteja passando mal por causa de um acontecimento comumente tido como motivo de alegria.

Situação semelhante é muito mais freqüente do que se pensa, e isso não admira, se se leva em conta o fato de que muitos pais de pacientes fóbicos tinham, por sua vez, alguma forma de fobia compensada de algum forma pelo fato de manter junto de si o filho ou a filha daquele modo particular que descrevemos anteriormente e que por sua vez contribuiu para torná-lo fóbico.

O casamento é, pois, um momento de alto risco, não somente para quem se casa e já é candidato à fobia enquanto "autônomo forçado", mas também para os pais que podem ver destruído um equilíbrio afetivo familiar que vinha durando anos a fio, tendo como amparo central o filho ou a filha.

Enfim, entre as situações de perda que invalidam a própria idéia de "apegado", é preciso recordar a cura da fobia do(a) parceiro(a). Também, neste caso, a pessoa deseja, racional e consciente, que o(a) parceiro(a) se cure bem depressa e o(a) libere de todas as solicitações urgentes de presença e de acompanhamento que lhe faz continuamente; mas depois, quando, o paciente fica curado, não faz mais pedidos e começa a se virar sozinho, aí então, inesperadamente, o(a) parceiro(a) percebe que sua ligação, antes tão segura e firme, está repentinamente, ameaçada; antes, sentia-se indispensável e agora, inútil e só.

Não é raro que, a esta altura, seja ele quem manifeste a sintomatologia fóbica, restabelecendo, assim, o equilíbrio na ligação.

4. *Quando se torna invalidado o pólo "débil":*

Essa condição parece relativamente mais rara. A pessoa não pode mais se ver como "débil", mas não se alegra com isso. Foi promovida no trabalho, é premiada, seu chefe quer lhe propor um aumento de responsabilidade; esses fatos, que deveriam causar-lhe satisfação, contrastam, pelo contrário, com uma idéia de si mesma como débil (e incapaz), apresentam, portanto, um sentido ameaçador e provocam ansiedade.

Uma mulher de trinta anos de idade teve os primeiros casos de mal-estar, que ainda perduravam e tinham acabado com sua carreira aos vinte e dois anos, em circunstâncias um tanto singulares. Quando menina, ela era a queridinha da família, a caçula, muito bonitinha, considerada por todos como uma espécie de tetéia, inteiramente desprovida de talento, mas agradável e simpática.

Aos dezesseis anos, empregou-se numa firma de corte e costura e, aos dezoito, casou-se, passando da proteção absoluta do pai para a proteção absoluta do marido; tinha interrompido prematuramente os estudos, porque ninguém achava que um dia ela viria a precisar deles para trabalhar.

Aos vinte e dois anos, o dono da casa de modas onde trabalhava dirigiu-se diretamente a ela, em vez de ao pai ou ao marido, elogiando-a por seus cuidados, talentos, bom gosto e propondo-lhe o cargo de assistente como consultora de moda, iniciando, assim, uma carreira no mundo dos negócios.

A mulher não teve nenhuma dúvida quanto à seriedade do convite, nem lhe ocorreu a idéia de que o dono da casa de modas estivesse com segundas intenções, mesmo porque se tratava de um senhor muito correto. O convite porém foi rejeitado, porque ela começou a passar mal: o medo foi mais forte, vencendo toda satisfação pelo reconhecimento recebido.

Um médico recém-formado e com enormes dúvidas quanto à sua própria capacidade, dúvidas que o acompa-

61

nhavam desde criança e que eram regularmente confirmadas pelos pais, que o consideravam muito bom, mas incapaz, estava prestes a abandonar a profissão, confirmando, assim, as expectativas que os outros, e ele mesmo, tinham a seu respeito.

Participou de um único concurso no qual acreditava ter feito péssima figura, jurando nunca mais prestar concurso algum. A crise de ansiedade começou quando veio a notícia de que tinha sido o vencedor do concurso e que deveria começar a trabalhar de imediato. Como era possível que ele, tão incapaz e tão pouco recomendado, tivesse sobrepujado os outros, mais brilhantes e com melhores recomendações? Alguma coisa devia estar errada. Talvez devesse rever a idéia de si mesmo como "débil", mas como pensar em si de modo diverso daquele que havia sido uma constante em sua vida? Ele não sabia o que significava ser "forte": só sabia que, enquanto "débil" e carente, os outros se aproximariam dele; ao passo que, se se tornasse "forte", seria deixado "sozinho", e ignorava o que poderia acontecer.

A situação que se lhe apresentava era, de todos os modos, desconhecida, imprevisível, amedrontadora.

DEPOIS DA SITUAÇÃO DESENCADEADORA E ANTES DA CRISE: UM EQUILÍBRIO PRECÁRIO

Vimos como a situação desencadeadora que precede de algum tempo a primeira crise de ansiedade é constituída por uma invalidação de uma das duas idéias centrais com que a pessoa se constrói a si mesma. Daquele momento em diante, a pessoa se encontra em uma situação nova: não é mais como antes, mas a nova ordem não é nada estável.

As duas novas situações de instabilidade, que se originam das situações anteriores de instabilidade "forte-só" e "débil-apegado(a)", são características e estão ligadas, uma, à idéia de ser "débil e só", e a outra à de ser "forte e apegado(a)".

Tomemos como exemplo um homem de vinte e cinco anos de idade que se construía como "forte e só" e que, em um ano, viu-se casado e com filhos gêmeos: nessa altura, poderia continuar a sentir-se "forte", mas necessariamente também "apegado", e essa combinação não estava absolutamente prevista em sua mente; ambas as situações se excluem a si mesmas; não se pode ser, na opinião dele, "forte" e "apegado" ao mesmo tempo.

Na mesma situação de instabilidade encontrar-se-ia aquela mulher que, considerada "débil" e "apegada" até então, de repente, após a oferta de promoção do patrão, vê-se obrigada a ter de se repensar como pessoa forte e firme. Ainda que procedendo de uma situação inteiramente diferente, ela se encontrará, também, em uma nova situação de instabilidade na qual se considera "forte e apegada", mas essas duas situações, por experiência própria, não podem caminhar juntas: se se é uma coisa, não se pode ser a outra.

Doravante, essas duas pessoas encontram-se em uma situação de risco, porque construíram-se a si mesmas com duas idéias, "forte e apegada(o)", que são, segundo suas experiências, incompatíveis.

Chamaremos essa nova situação de "área temporária com prevalência claustrofóbica" e veremos, adiante, perante que tipos de acontecimentos a sua primeira crise de ansiedade aguda se manifestará.

A outra área temporária, que chamaremos com prevalência agorafóbica está ligada à idéia de si como "débil e só". Pode-se chegar a essa situação partindo-se tanto da autonomia forçada, como da dependência forçada.

O primeiro caso é o do nosso bombeiro corajoso e sem medo que, acreditando-se sempre forte e sozinho, inesperadamente sentiu-se débil no velório de seu amigo morto por infarto, e pela primeira vez pensou em si mesmo de um modo novo e totalmente incompatível com a sua vida anterior.

O segundo caso é o da mulher com três filhos que se apoiava sempre no marido porque se achava totalmente incapaz de tudo, apesar de ser ela quem sustentava a família, e que começou a passar mal com a idéia de que o marido, jogador inveterado, pudesse abandoná-la. Continuava a pensar-se débil, mas não podia mais se pensar apegada, mas sozinha.

Resumindo, duas são as situações psicológicas antes do início da fase manifesta da doença. Em ambas, a pessoa tem de escolher entre "apego" e "exploração". No primeiro caso, será excessivamente dependente; no segundo, forçosamente autônomo.

Esquema 1. DA SITUAÇÃO PRÉ-MÓRBIDA À FOBIA MANIFESTA

Fonte: R. Lorenzini e S. Sassaroli, La *paura della paura*, NIS, 1987, p. 97.

Se antes a pessoa se encontrava na área "forte-sozinha" e ficaria invalidada a idéia de si mesma como "forte", passará a considerar-se "sozinha, mas débil" e manifestará um quadro do tipo "agorafóbico"; tornar-se-á invalidada a idéia de si como "sozinha", ver-se-á obrigada a considerar-se como "forte, mas apegada" e manifestará traços mais do tipo "claustrofóbico".

Pelo contrário, se antes de adoecer a pessoa se considerava "débil e apegada", a invalidação da idéia de si como "apegada" levará a sentir-se "débil, mas sozinha", com um quadro sintomático do tipo agorafóbico; se ela sentir não mais válido o aspecto "débil", encontrar-se-á em uma situação "forte, mas apegada", o que implicaria um estado do tipo claustrofóbico.

Esquema 2. A ÁREA TEMPORÁRIA COM PREVALÊNCIA AGORAFÓBICA

Fonte: R. Lorenzini e S. Sassaroli, op. cit., p. 95.

Quando a pessoa se considera "só e débil", prevalecem os medos da solidão e a sensação de não "realizar-se", e ela tende a reduzir a "exploração", as saídas, os encontros. A pessoa tem medo de ficar sozinha, tem medo de não receber ajuda se passar mal, tem vertigens, sente a cabeça girando, sente fraqueza (cf. Liotti 1981), teme sentir-se mal de repente, morrer ou ficar louca, os outros devem estar disponíveis e próximos, mas nada a ajuda a sentir-se inteiramente tranqüila. Acabará na solidão, abandonada por todos. Nesse estado, faz de tudo para encontrar alguém que esteja disponível, que a acompanhe quando sai, que lhe transmita tranqüilidade. São pessoas que têm sempre necessidade dos outros, buscam continuamente ajuda mas nunca ficam satisfeitas. Freqüentemente, suas buscas afastam ainda mais os outros, e isso aumenta sempre mais em suas cabeças a idéia de estarem sozinhas e abandonadas para enfrentar um destino doloroso e cruel.

Esquema 3. A ÁREA TEMPORÁRIA COM PREVALÊNCIA CLAUSTROFÓBICA

Fonte: R. Lorenzini e S. Sassaroli, op. cit., p. 96.

Nesse segundo caso, em que a pessoa se considera "apegada e forte", prevalece a sensação de sentir-se "constrangida" (tema claustrofóbico).

O que aparece para o clínico? Essas pessoas sentem-se "sem saída", apresentam "crises de sufoco" (a sensação de não poderem mais respirar, "opressão no peito"), tensão nos músculos, nelas o temor freqüente é o de "perder por completo o controle", de fazer mal involuntariamente a alguém, de gritar, de ficar loucas etc. É evidente que tal temor aumenta em situações das quais parece ser mais difícil fugir (elevadores, túneis, metrôs, trânsito etc.). Qualquer compromisso ou relacionamento social torna-se uma agravante, uma obrigação sufocante; sonham com liberdade e independência absolutas, que são, na realidade, difíceis para todos e especialmente incompatíveis com o estado de sofrimento dessas pessoas.

Essas são pessoas em que se encontram mais facilmente os comportamentos de fuga (evitam sair, falar com os outros em um local fechado, entrar em elevador, entrar em ônibus etc.).

Freqüentemente, portanto, aspectos claustrofóbicos e agorafóbicos convivem na mesma pessoa, se bem que, no início da sintomatologia, a diferença entre os dois aspectos seja mais evidente. De qualquer modo, não existe uma diferença nítida entre os dois quadros como, diversamente, existe entre as duas personalidades pré-morbosas que, todavia, como vimos, podem evoluir quer num quadro, quer noutro.

OS EVENTOS TEMIDOS

Devemos esclarecer desde já que a relação entre a situação desencadeadora e a primeira crise de pânico *não* é imediata, nem habitual.

Muitas vezes há um período de alguns dias, ou meses, em que, lentamente, a pessoa passa da área do bem-estar para a do sofrimento explícito.

Depois de algum tempo, acontece um fato, sem importância, que não pode mais ser "encarado" à velha maneira, mas que ainda não pode ser "encarado" à nova maneira, para colocar a pessoa em crise.

Dois são os tipos de acontecimentos mais temidos:

A. *Eventos do tipo exploração*

A pessoa está sozinha para enfrentar situações desconhecidas, como tanger animais, ficar sozinha em lugar desconhecido, fazer uma viagem, não ter pontos de referência ao longo de uma estrada, descer sozinha à garagem, enfrentar um imprevisto ou uma mudança de programa, dirigir em estrada desconhecida, ir pela primeira vez a um país desconhecido, andar de avião etc.

Não é tranqüilizador para ninguém sentir-se só e débil em tais circunstâncias, mas, convém ressaltar que, "para aquela pessoa em particular", aquele acontecimento parece tão dramático porque ela vê diminuída sua capacidade de prever e conhecer.

Naturalmente, não devemos imaginar uma situação de "exploração" como se se tratasse de atravessar a pé e sozinha a Antártida; basta que seja qualquer fato novo, uma pequena mudança, um evento desconhecido.

Uma pessoa relatou uma situação dessas precisamente em termos territoriais. Tinha um perímetro exato, um território bem delimitado, além do qual não se sentia mais segura e que não ultrapassava nunca se não estivesse acompanhada por pessoa de confiança, como a mulher, o pai, ou seu médico. Também no seu íntimo, ela não estava muito livre para escolher caminhos preferenciais para ir de um lugar para outro. Esses percursos tinham a característica de mantê-la sempre perto de amigos ou de pessoas que, em caso de necessidade, poderiam socorrê-la, perto de farmácias, quartéis de polícia, hospitais.

Desse modo, se bem que com grandes limitações e enormes precauções, a pessoa conseguia ir até o fim, sem se ver acometida de um mal-estar incontrolável, na certeza de que poderia, em qualquer momento, pedir ajuda.

Não obstante isso, jamais ficaria completamente tranqüila porque, mesmo com todas essas precauções, poderia sempre ocorrer algo de inteiramente imprevisto e inusitado (por exemplo, uma greve inesperada dos médicos, ou afastamento dos amigos), e então temeria morrer de terror: a tentação de trancar-se em casa e não sair mais seria forte, mas também poderia ficar de repente sozinha, o telefone poderia pifar e ela novamente estaria sem socorro.

B. *Eventos tipo "sem saída"*

A pessoa teme não poder fugir rapidamente; está em um elevador, encontra-se no tráfego parado pelo sinal vermelho, está em uma via expressa, está na cadeira do cabeleireiro, ou o trem acabou de partir..., encontra-se no metrô, tem a obrigação irrecusável de fazer alguma coisa etc.

É claro que o medo de não poder fugir depende da previsão de fracasso da própria "exploração".

Com o tempo, essas pessoas desenvolvem uma sensibilidade particular de verem possíveis constrangimentos e limitações à própria liberdade nessas situações.

Uma garota dizia que, se fosse um animal, ninguém a pegaria em armadilha porque aprendera a ver armadilhas em todas as coisas. Não fechava a porta do banheiro sem antes a examinar muito bem, pois poderia dificultar sua saída, emperrando; não entrava em bancos de portas elétricas, porque temia que faltasse energia. Na igreja ou no cinema, sentava-se sempre perto da saída e conferia a posição da porta de emergência. Nunca sentava no banco traseiro, de um carro de duas portas, e, de qualquer modo, nunca puxava a trava de segurança. Aviões, elevadores, metrôs eram tabus absolutos. A porta do quarto em que estivesse deveria ficar sempre encostada, jamais trancada. Incomodava-a bastante marcar um encontro ou uma viagem, porque, do momento do trato em diante, parecia-lhe não ser mais livre. Um sinal vermelho no trânsito provocava-lhe, igualmente uma sensação de incômodo.

Concluindo, é bom ressaltar que, independentemente do tipo de evento temido, depois da primeira crise, amplia-se o número de eventos considerados perigosos, o que acarreta o emprego de modo sempre mais generalizado, de estratégias de acompanhamento e de fuga. (Snaith 1968)[7]. Algumas pessoas têm sucesso em não encontrarem mais situações ameaçadoras, mas isso comporta limitações freqüentemente graves e uma evidente piora da qualidade de vida.

O CÍRCULO VICIOSO: O MEDO DO MEDO

O que tratamos até aqui não seria suficiente para fazer de uma pessoa um fóbico.

Tomemos, como hipótese, o brilhante engenheiro, que sempre se considerou autônomo e independente e que, de alguns meses para cá, depois do nascimento de trigêmeos, encontra-se na área temporária "forte-apegado", está trabalhando inspecionando a galeria de uma mina.

É mais que provável que ele experimente uma discreta ativação ansiosa, interpretando a situação como "caminho sem saída". Mas se, a essa altura, dissesse para si mesmo: "Estou sentindo ansiedade; por que isso acontece? O que me amedronta?", jamais se tornaria um fóbico.

Do mesmo modo, o jovem médico, que sempre se considerou incapaz e necessitado de ajuda e que, depois da inesperada vitória no concurso, começou a pensar em si de um modo novo, teria sofrido apenas uma crise isolada de ansiedade se, no cinema, quando pela primeira vez percebeu ter crescido a emoção, tivesse dito a si mesmo: "Isso é somente ansiedade. Não acontece nada. É apenas o aviso de que vejo um perigo imaginário em volta de mim".

Também o bombeiro, que depois da morte do amigo começou a pensar em si mesmo como "sozinho" (como ha-

---

7. SNAITH R. P., "A clinical Investigation of phobias" in *British Journal of Psychiatry,* 1968, 114, pp. 637-697.

via sempre procedido), mas também como "débil", não se haveria tornado fóbico se, aos primeiros sinais de ansiedade experimentados em uma grande praça romana, tivesse dito a si mesmo: "Você está amedrontado com a idéia de que lhe aconteça o mesmo que ao seu amigo e pensa que, sentindo-se mal aqui, ninguém viria socorrê-lo porque ninguém o conhece. Eis o motivo desse mal-estar. É somente medo!".

Não é só por experimentar uma crise de ansiedade que a pessoa dá o passo decisivo para a fobia. A crise de ansiedade, mais dia menos dia, pega a maioria das pessoas. O decisivo é a incapacidade de reconhecer as próprias emoções e dar-se conta de como elas estão ligadas aos próprios pensamentos e preocupações.

Já vimos como o candidato à fobia tem pouquíssima familiaridade com seu próprio mundo emotivo e verificamos que as raízes desse comportamento estão na primeira infância.

O candidato à fobia parece desconhecer a raiva, a alegria, o desespero, a dor, a excitação, o medo, o desgosto e todos os demais matizes emotivos, mas somente a "tranqüilidade", entendida como ausência de toda emoção, e a "agitação", que é vivida como um mal-estar incontrolável e crescente previsão de perigos muito piores, como morrer, enlouquecer ou, de qualquer modo, perder o controle de maneira absoluta e mesmo inimaginável.

Telefonam comunicando a morte de uma tia querida, e o fóbico não se entristece, mas se sente mal. Está assistindo a uma partida de futebol, e o seu time acaba de marcar o gol da vitória; ele não manifestará alegria, muito menos vibrará, e sim passará mal. Um mal-educado roubou-lhe a vaga no estacionamento, que esperava há cinco minutos; não sentirá raiva alguma; simplesmente, passará mal. Escapando de um trem que vem em sentido contrário e quase o mata, não ficará gelado de medo, e sim passará mal.

Portanto, o que acontece com o paciente fóbico durante a crise de ansiedade é a instauração de um diabólico círculo vicioso, que se fundamenta, precisamente, na sua incapacidade de reconhecer a ansiedade como tal, em vez de interpretá-la como um distúrbio orgânico.

A ativação emotiva se inicia e, com ela, os sintomas físicos que a constituem: taquicardia, cansaço, cabeça rodando, dores torácicas e abdominais, sensação de desmaio, suadouro.

A essa altura, a pessoa, sempre atenta em observar o seu físico, percebe esses sintomas e os avalia como indício de uma grave doença que está para chegar, como, por exemplo, um infarto ou uma hemorragia cerebral, de qualquer forma, algo de inesperado e fatal (não pensa em morrer por causa de um tumor ou de uma cirrose).

Naturalmente, qualquer pessoa com a sensação de estar prestes a sofrer um infarto sentirá muito medo, e esse medo se somará à ansiedade anterior, resultando num rápido aumento de intensidade da taquicardia, da fadiga, da sensação de desmaio e de todos os demais sintomas.

Esse ulterior aumento da intensidade dos sintomas surge aos olhos da pessoa como outra prova de que está ocorrendo, exatamente, o que ela mais temia. Não tem mais dúvidas: está em curso um infarto, sente-o e fica cada vez pior, talvez nem dê tempo de pedir socorro. A essa altura, toda a tranqüilidade e as explicações que os médicos lhe deram sobre a origem de seu estado ficam longínquas e inúteis e capitulam diante do que a pessoa sente na pele. Enfim, está absolutamente certa de que chegou a sua hora. E como deveria sentir-se quem pensasse ter, irrevogavelmente, chegado sua hora senão terrivelmente amedrontado? E se alguém se sente terrivelmente amedrontado, o coração baterá sempre mais depressa, o cansaço aumentará ainda mais e todos os demais sintomas aumentarão em intensidade: tal é o diabólico círculo vicioso.

O que acontece? À medida que aumenta a ansiedade, a pessoa pensa que está ficando louca ou que está morrendo, e esse pensamento faz a ansiedade aumentar... e assim vai.

A ativação emotiva crescerá até quando a pessoa se der conta de que não está louca, não está morta, não está no fim.

Depois que experimentou pela primeira vez essa crise, o paciente torna-se um observador atento e muito escrupuloso em relação a tudo o que ocorre no interior de seu corpo, pronto para captar, por ínfimo que seja, qualquer sinal de que algo não está bem. É como se ele tivesse um terceiro olho aberto constantemente para dentro de seu organismo, ao qual não escapasse qualquer dorzinha, nenhuma sístole estranha, qualquer irregularidade na freqüência do ritmo respiratório, uma levíssima pontada na cabeça, uma pequena evolução intestinal etc. Obviamente, toda essa atenção acaba por baixar os níveis de sensibilidade, de tal modo que o fóbico passa a notar uma série de sinais que vêm do próprio corpo, os quais são totalmente ignorados pela maioria das pessoas, por não atingir aquele grau de intensidade que os faça merecedores de atenção. No fóbico, ao contrário, a atenção é preventiva e amplifica todo sinal.

Normalmente enquanto escrevemos, por exemplo, não tomamos consciência da existência de nossas pernas, não sabemos nem em que posição estão, a menos que a posição mantida por longo tempo se torne incômoda, ou alguém nos dê um chute, ou uma dor inesperada nos assalte o joelho: não obstante, as pernas vivem, têm nervos e enviam para o cérebro uma miríade de mensagens que, no entanto, não chegam à consciência.

Se, ao contrário, eu decidisse descrever todas as sensações que me vêm das pernas enquanto estou sentado, se começasse a prestar atenção nelas, poderia encher páginas e páginas de sensações de quente e frio, de rudeza, de dureza da cadeira, do aperto dos cadarços dos sapatos, das comichões em determinado ponto, de tensão em outro, e assim por diante. Isso é, na verdade, o que faz habitualmente o fóbico, sobretudo quando se aproxima de uma situação que, de algum modo, pode ser perigosa. Sua mente está continuamente ocupada com esse trabalho e é como se ela emitisse contínuos boletins médicos sobre suas condições de saúde: progressivamente, essa vai-se tornando sua única preocupação, seu único e verdadeiro interesse.

NÃO SE RECONHECER MAIS

Vimos como a crise de ansiedade é o efeito de uma invalidação que golpeia uma das idéias centrais com que a pessoa construía sua identidade. Mas isso não basta; o processo se repete. Ora, o próprio "estar mal", ter tido uma crise muito violenta, ser obrigada a evitar certas situações por medo, ter necessidade de andar acompanhada feito criança, tudo isso é visto como outras tantas invalidações da idéia de si como "forte", "só", e até "apegado", porque a pessoa teme sempre que os outros se assustem com o seu comportamento, com suas atormentadoras súplicas e a abandonem. A única idéia continuamente confirmada é a de debilidade.

Cria-se, pois, um ulterior círculo paradoxal: o distúrbio começa ao serem quebradas algumas idéias centrais da identidade; mas os próprios sintomas do distúrbio, ou seja a ansiedade, o fuga e o acompanhamento, contribuem para, posteriormente, quebrar essas idéias centrais e mantêm, por isso, o próprio distúrbio.

Um mecânico de vinte e cinco anos de idade não conseguia entender como pôde acontecer uma ruptura tão grande em sua vida. Não se reconhecia mais porque, antes era tão seguro e despachado e, agora parecia uma criança no jardim das bruxas, com medo até da própria sombra, sempre em busca de uma mão a que agarrar-se, sempre espreitando um jeito de fugir.

Ele continuava a acreditar que o único modo justo e digno de viver era o anterior e, assim, não suportava ter que depender continuamente dos outros, de implorar para não o deixarem sozinho em casa ou pedir para o acompanharem à rua.

A doença o tornava dependente, e ele, que acreditava dever ser absolutamente autônomo, quando mais se sentia dependente tanto mais se sentia mal; e a doença tornava-o cada vez mais dependente, e quanto mais se sentia dependente, mais passava mal...

Uma mulher de quarenta e cinco anos de idade, doméstica, doente desde os vinte anos, até o casamento conviveu bem com a doença, a ponto de nunca ter precisado de intervenções terapêuticas. Depois de casada, muitas vezes se resignara, mas o marido e os dois filhos ficavam sempre, carinhosamente, a seu lado, e isso talvez não ocorresse se ela estivesse bem. Jamais se incomodou em ser considerada "débil", sendo que isso lhe permitia ter o carinho e a atenção dos outros. A necessidade de ter sempre a companhia de alguém havia-lhe conferido um extremo controle sobre a vida de seus familiares. Chegou a pedir terapia quando desconfiou que o marido e os filhos estivessem se aborrecendo com ela. Quanto mais ela percebia essa sensação por causa dos seus modos insolitamente bruscos, pelo tom de suas vozes, mais se sentia mal e insistia em seus pedidos de apoio. Mas, por outro lado, quanto mais ela solicitava apoio e ficava sufocada, mais os outros reagiam, tomando gradativamente distância, o que a fazia sentir-se terrivelmente mal, e por isso...

A FUGA

Na tentativa de sentir-se mal o menos tempo possível, o paciente fóbico põe em prática duas estratégias: a fuga, sempre, e o acompanhamento, às vezes, mas que acabam por se transformar em outros sintomas da doença. Impedem-no, é verdade, de ter novas crises de ansiedade e é por isso que se reforçam constantemente, mas, ao mesmo tempo, impedem-no de provar para si mesmo que não tem necessidade disso; mesmo quando está curado, continua tendo dificuldades de abandonar essas estratégias e de experimentar, concretamente, seu restabelecimento.

Das duas estratégias, a fuga é a mais praticada e mais prejudicial.

Evitar defrontar-se com uma situação temida significa renunciar a prever mais coisas por medo de arriscar-se a não poder prever mais nada. Quando se foge, em vez de explorar, está-se expressando também o medo de enfrentar as emoções de ansiedade, pânico ou medo, temidas mais do que tudo.

Mas o que sucede se se continua a fugir? Quanto menos se explora, mais aumentam as situações que não se pode conhecer, e mais aumenta, como em um círculo vicioso, o medo de explorar e conhecer coisas novas.

Assim, lentamente, restringem-se os limites da própria vida, cresce a sensação de debilidade e impotência, o que leva a fugir sempre mais, tornando a própria vida mais pobre e restrita.

A fuga, portanto, não só não resolve o problema, como, torna o sintoma mais invalidante tendendo sempre mais a generalizar-se.

Uma mulher que estava há três anos trancada em casa, ao pedir uma consulta, narrou sua história por telefone.

A primeira crise, tivera-a em Roma, na praça do Povo, ao presenciar um grave acidente de trânsito: ela ficou paralisada de terror à vista do sangue e não conseguiu prestar ajuda, o que, segundo ela, devia ter feito.

Daquele momento em diante, começou a evitar todas as ruas de tráfego veloz, onde era mais provável que houvesse acidentes graves, mas, pouco a pouco, a fuga envolveu também as muitas ruas que necessariamente desembocam nas ruas maiores. Isso significou renunciar a andar de carro com as pessoas que não conheciam seu problema e a limitar-se a andar somente de ônibus, cujo itinerário conhecesse perfeitamente. Mas, certa manhã, o ônibus em que viajava teve de pegar um desvio, por causa de obras na pista, e, daquele momento em diante, também os ônibus não foram mais considerados confiáveis. Começou a andar a pé, e sempre por ruazinhas pacatas, onde acidentes graves fossem improváveis, até que, um dia, no açougue, presenciou um pequeno acidente: o empregado se feriu com uma faca e correu um pouco de sangue. Desde então, não saiu mais de casa, onde sua mãe a assiste. Pior ainda, está aterrorizada com a idéia de que a mãe se machuque com os utensílios de cozinha, pois viu um programa na televisão enfocando a freqüência de acidentes domésticos. O que a amedrontava, certamente, não era o temor de sentir-se mal, mas o de não conseguir suportar ver alguém passando mal; a emoção que a assaltaria seria, em seu entender, muito mais forte, e ela poderia morrer por causa disso.

O ACOMPANHAMENTO

Mesmo se, no início, fazer-se acompanhar pode parecer uma solução, na realidade não o é. De um lado, reforça o problema de sentir-se "débil e só"; de outro, a pessoa teme sempre que, mais cedo ou mais tarde, outras pessoas se recusarão a ajudá-la. Tal situação, à medida que vai perdurando, reforça no paciente a sensação de não ter mais nenhuma saída.

As pessoas escolhidas para acompanhantes são, normalmente, pessoas afetivamente importantes, que podem intervir em caso de necessidade, buscando ajuda ou prestando os primeiros socorros.

Também nesse caso, seja como for, o paciente fóbico tem extrema dificuldade de explicar o porquê do seu comportamento. Apenas conseguirá dizer que assim se sente mais seguro, fica mais tranqüilo e segue em frente. Só com uma entrevista muito cuidadosa se conseguirá que ele diga que o acompanhante o protege do perigo de uma morte inesperada sem socorro.

Do mesmo modo, sustentará que a presença de um médico o tranqüiliza, mas não saberá, de modo algum, explicar o porquê e dirá, apenas, que se trata de uma pessoa competente, experimentada, e fará outras afirmações genéricas desse tipo. Se depois lhe perguntarem qual especialista quer ter a seu lado, não terá dúvidas: um cardiologista.

O aspecto mais importante do acompanhamento (como já nos referimos no tópico sobre relações interpessoais, cap. II) leva em conta as motivações do acompanhante ao se dispor a atender a um número bastante elevado de pedidos. Para além do amor e da compreensão para com a pessoa doente, nota-se com freqüência, uma vantagem pessoal: acompanhando o outro, ele não fica sozinho.

Um paciente de trinta anos de idade camuflava sua necessidade de estar sempre em companhia de alguém acompanhando as filhas aonde quer que fossem. Era considerado, por isso, um pai modelar. Acontece que nunca dizia aos outros o verdadeiro motivo.

Quando as filhas já adolescentes, não quiseram mais ter o pai sempre "no pé"; ele, comprou um cachorro, mas nem em todos os lugares podia entrar com ele. Então pensou em levar consigo, no bolso, um canário para o caso de não poder entrar com o cachorro. Se tivesse encontrado uma mulher fóbica, teria sido um homem feliz e teria feito o papel de excelente marido.

Se as estratégias de acompanhamento são muito prolongadas, é de suspeitar que haja uma espécie de cumplicidade entre os acompanhantes, e a mudança desse quadro já estabilizado, geralmente, é mais difícil.

A DEPRESSÃO: UMA DOENÇA SOBRE A DOENÇA

Muitas vezes acontece que, depois de certo período do início dos sintomas fóbicos, a pessoa começa a sentir-se deprimida. Ela se considera já doente muito grave, débil, incapaz de viver por conta própria. Além disso, julga-se culpada, freqüentemente, por sentir-se assim mal, ilude-se a si mesma e incomoda as pessoas que a cercam. Os parentes, os amigos, o cônjuge tendem a reforçar esse sentimento de desolação, animando-a a "seguir em frente": "É só uma questão de força de vontade, você é preguiçoso(a), você se acomodou, não nos tente, não agüentamos mais tolerar você".

A pessoa vai ficando cada vez mais bloqueada: gostaria de sair, arriscar-se, viver, mas, na realidade, não consegue fazê-lo. Com freqüência, volta-se para o estado em que vivia antes, exaltando-o: "Eu era forte, completamente feliz, absolutamente tranqüila...", tem medo de não mais se restabelecer, teme que os outros a deixem, que morrerá sozinha, que acabará abandonada por todos em um hospital psiquiátrico...

É claro que essa depressão não melhora o estado da pessoa, que, a essa altura, sofre em dobro. Essa depressão pode tornar-se muito grave e deve ser levada a sério, porque pode constituir-se em fonte de sofrimento maior do que a própria sintomatologia com que tudo começou.

O paciente se envergonha de sua doença, começa a pensar que é culpado, que deve fazer de tudo para livrar-se, como lhe dizem os outros, e sente nas palavras deles uma constante reprovação, também pelas exigências, que se avolumam, fazendo-o sentir-se um peso para toda a família.

Perde, gradualmente, a confiança nos médicos e acredita que a medicina não resolve o seu problema; assim, lentamente, a vida, agora tão diferente daquela de quando estava bem, perde todo o sabor e passa a ser um tormento.

Capítulo IV

A TERAPIA OU COMO CURAR-SE

A ILUSÃO DE QUE SE TRATA DE UM DISTÚRBIO FÍSICO

Já dissemos, no primeiro capítulo, a propósito da sintomatologia, que uma das características dos doentes fóbicos é a de se consultarem com médicos cardiologistas e gastroenterologistas, antes de recorrerem a um especialista. Procedem assim na ilusão de que se trata de um distúrbio orgânico que se resolverá facilmente tomando o remédio certo. Obviamente, o remédio certo não existe e, dado que o primeiro médico não o descobre, limitar-se-ão a mudar de médico, e o farão mais rapidamente ainda se o profissional colocar dúvida se se trata mesmo de um distúrbio orgânico. Então dizem para si mesmos: "Não me compreendem, não sabem o mal-estar que realmente sinto".

Atrás dessa idéia está a convicção, de todo infundada, de que os distúrbios psíquicos não causam sofrimentos tão reais quanto os distúrbios orgânicos, mas apenas sofrimentos imaginários, exibidos aos outros para obter favores, mas não realmente experimentados. Uma vez que os sofrimentos que o paciente experimenta são absolutamente reais e também intensos, isso exclui, em seu modo de pensar, que se possa tratar de um problema de origem psíquica.

Pelo contrário, é evidente que os problemas psíquicos causam distúrbios físicos reais, não só no caso do suicídio, mas, sobretudo, no caso dos distúrbios psicossomáticos. A úlcera, a asma, a colite ulcerosa (para citar apenas as mais conhecidas) são, sim, distúrbios psicossomáticos, mas isso não quer dizer que não causem danos físicos reais com verdadeiras e precisas alterações anatomopatológicas que evoluem, depois, autônoma e independentemente de sua origem psíquica. O distúrbio psíquico, portanto, não é um distúrbio imaginário, ou um capricho, uma queixazinha sem fundamento, mas um autêntico e preciso sofrimento que se manifesta com sintomas mentais e físicos ao mesmo tempo.

Naturalmente, todo o tempo empregado em alimentar a ilusão de uma cura completa através de exames clínicos cada vez mais sofisticados e medicamentos os mais diversificados é tempo perdido, que permite à sintomatologia estabilizar-se e conquistar cada vez mais terreno.

Essa é, no entanto, uma etapa obrigatória pela qual todos passam, mas que pode ser considerada mais um sintoma da doença que uma real estratégia de cura.

Este livro atingirá um de seus objetivos se ajudar o leitor a abandonar o mais breve possível essa perda de tempo e o levar a procurar, o mais rapidamente possível, um especialista idôneo: o psiquiatra.

Não estamos afirmando absolutamente que o psiquiatra deva conduzir sozinho toda a terapia (o lado psicoterápico pode ser confiado tranqüilamente a um psicólogo), mas, pelo menos nos casos mais graves, é bom que a ele seja delegada a coordenação das diferentes intervenções terapêuticas, que examinaremos em detalhes mais à frente.

COMO AJUDAR-SE SOZINHO

Cada um tende a resolver sozinho os próprios problemas antes de pedir ajuda aos outros, mas talvez essa tentativa de auto-resolução não faça mais que agudizar o problema. Um exemplo disso é a fuga, que surge como um mecanismo para evitar o sofrimento e se torna, com o correr do tempo, o sintoma mais grave do quadro fóbico.

O modo mais adequado de se ajudar a si mesmo é, portanto, o de perceber a tempo que tal ajuda é insuficiente e é preciso buscar ajuda de fora.

Toda melhora do estado de ansiedade obtida com a fuga, com a recusa de enfrentar as situações, pode ser considerada como agravamento da doença, um passo a mais em areias movediças. Um indicador do próprio estado de saúde e da sua evolução deve, pois, ser procurado, não no maior ou menor bem-estar que se experimenta, mas na quantidade de coisas que se é obrigado a evitar para não passar mal: se essas coisas aumentam, a doença está se agravando.

ROMPER O CÍRCULO VICIOSO

O primeiro passo a dar para tentar vencer sozinho o próprio estado morboso é romper o círculo do medo do medo.

Trata-se de compreender que todas aquelas situações desagradáveis que se experimentam diante da situação-objeto da fobia são sintomas da ansiedade e que, embora desagradáveis, são absolutamente transitórias e não causam problema orgânico algum e muito menos distúrbios graves (como o infarto ou o a hemorragia cerebral) que possam levar à morte.

Naturalmente, esse raciocínio é fácil de fazer "a frio" quando se está tranqüilo e, melhor ainda, no consultório médico; mais difícil é lembrar-se exatamente da época em que os primeiros sintomas de ansiedade se manifestam, quando se sente o coração disparar, a respiração tornar-se ofegante, a cabeça girar e se tem a sensação (só a sensação) de desmaiar. É nesse momento que ocorre a lucidez para se dizer que o que se está experimentando é a conseqüência dos pensamentos catastróficos a respeito de uma morte iminente.

Tais pensamentos parecem provocados pelas sensações que se experimentam, mas, ao contrário, são a causa e, mais o mal-estar por causa deles aumenta, mais eles se tornam insistentes e fazem, por sua vez, crescer o mal-estar em um círculo vicioso que se auto-alimenta.

Naqueles momentos, todos os medicamentos anteriormente recebidos pelos médicos tornam-se inúteis, e prevalece somente a sensação de mal-estar que se experimenta; a pessoa parece dizer-se a si mesma: "Eles não compreendem quanto, na verdade, estou mal!", ou "Talvez das outras vezes era mesmo como eles diziam, mas desta vez é diferente; desta vez não é um ataque de nervos!", ou ainda "admitindo-se, todavia, que se trata de um fenômeno de origem nervosa, mais cedo ou mais tarde o coração ficará igualmente danificado!": todos esses procedimentos só aumentarão o estado de agitação.

Para tranqüilizar-se, bastaria perguntar-se a si mesmo: "*Mas como é possível que uma doença orgânica se apresente sempre e somente em determinadas situações, e não em outras? Como é possível que ela passe apenas com a presença do médico ou do acompanhante?*". Porém, essas são perguntas que se pode fazer apenas fora da crise aguda, pois durante a mesma não há tempo para especulações.

Na fase aguda pode-se simplesmente procurar levar a sério todos os sintomas que se experimentam e repetir-se que se trata apenas de ansiedade, fastidiosa, mas inócua, e procurar observar os próprios pensamentos catastróficos para criticá-los. Além disso, pode-se recordar situações análogas em pessoas que estavam passando mal e que ficaram, em seguida, absolutamente normais.

Ceder à idéia de correr a um pronto socorro para verificar se se trata de uma situação danosa, tranqüiliza no momento, mas, com o tempo, incentiva o problema.

NÃO EVITAR MAS EXPLORAR

Outra coisa que pode ser combatida sozinho é a fuga.

Uma vez conhecidos os próprios limites, as coisas que causam medo, as situações temidas, a doença impele a ficar mais afastado, quando a cura está justamente no defrontá-las.

Obviamente, isso é feito aos poucos, passo a passo, mas os passos devem ser para a frente, e não para trás. Cada passo para trás faz aproximar o limite, cada passo para a frente o distancia. A regra de ouro para quem quer ajudar-se sozinho é: "Fazer todo dia alguma pequena coisa a mais que no dia anterior".

Ao fazer isso, naturalmente, não se deverá imaginar estar tranqüilo; pelo contrário, dever-se-á levar em conta, certamente, ficar ansioso. Nisso consiste outro fator terapêutico. Descobrir-se-á, de fato, que a ansiedade é suportável, sobretudo se é interpretada como tal, e não causa mal algum.

Ao explorar os territórios temidos, a pessoa deverá, portanto, repetir para si mesma: "Agora experimentarei um mal-estar porque estou empurrando para longe os limites em que a doença me confinou. Nada, absolutamente, acontecerá, e esse mal-estar passará bem depressa. Devo-me acostumar a suportá-lo sem medo".

Se a ansiedade vier muito forte, poder-se-á interromper a "exploração" e voltar atrás, não como fuga, mas simplesmente pensando: "Este estado de espírito é muito fastidioso neste momento, mas, como sei que nada irá me acontecer, quero interrompê-lo".

Uma vez interrompido, será a hora de reconstruir os pensamentos, as avaliações, as imaginações que o causaram.

Esses exercícios de "exploração", muito úteis no combate ao sintoma da fuga, devem ser repetidos quantas vezes possível. O verdadeiro sucesso não está tanto no enfrentar as situações temidas sem experimentar a ansiedade por completo, mas, antes, no experimentá-la sem medo.

Tais experiências não devem ser aleatórias, e sim programadas. Não basta dizer: "Se eu quiser, tomarei um elevador", porque o modo de proceder seria o de não tomá-lo nunca e, sobretudo, se o tomasse repentinamente, o fato seria vivido como imposição, obrigação a que não se poderia fugir, e não como um ato voluntário em razão da cura.

Se ainda não se decidiu a enfrentar a "situação elevador", é melhor evitá-la se contraria a sua vontade e enfrentá-la somente quando se sentir preparado. Ser pego de surpresa, sentir-se obrigado são sensações que podem aumentar a ansiedade, ao passo que fazer algo desagradável, mas por decisão própria, ajuda a diminuí-la.

Para realizar um programa assim, é necessário graduar as diferentes situações, das mais fáceis às mais difíceis, e enfrentá-las nessa ordem, sem queimar etapas: os grandes percursos não se fazem com grandes corridas que nos deixem exaustos por muito tempo, mas passo a passo, dia após dia.

Um exercício útil, antes de enfrentar as situações, é imaginá-las. É certo que, assim procedendo, experimentar-se-á certa ansiedade (como ocorreu com o estudante que passava mal só de pensar nos exames), mas o exercício nos propiciará a oportunidade de fazê-la cessar, porque poderemos criticar os pensamentos catastróficos que a provocaram.

É hábito de todos nós, ao enfrentarmos uma situação nova ou que acreditamos difícil, imaginar antes como ela será, o que acontecerá, como deveremos nos comportar. Com esse treinamento, tornaremos menos desconhecida e, quiçá, menos ameaçadora a situação. Para o paciente fóbico, esse exercício "imaginação-ansiedade-revisão crítica" deve ser uma constante.

DESCOBRIR OS PRÓPRIOS PENSAMENTOS

O paciente fóbico se conhece pouco. Está acostumado a se observar somente se está bem ou se está mal, mas presta pouca atenção ao que lhe acontece no íntimo. Explorar o próprio interior: eis o mais importante caminho por onde começar.

Em primeiro lugar, é bom começar prestando atenção no próprio "diálogo interior" (cf. cap. I, "O diálogo interior").

Para fazê-lo, é preciso interromper, inesperadamente, o fluxo dos próprios pensamentos para se perguntar de repente: "Em que eu estava pensando neste momento?". A primeira resposta geralmente será: "Em nada!". Isso jamais será verdadeiro. Não somente se estará pensando naquilo que se está fazendo naquele momento, como também, a todo instante, estar-se-á avaliando a situação. No paciente fóbico, tais avaliações levarão em consideração, freqüentemente, seu estado de saúde e o grau de periculosidade da situação que está enfrentando.

Em sua mente devem ter ocorrido frases assim: "Estou prestes a me sentir mal"; "Meu coração não funciona bem"; "Não creio que conseguirei"; "Devo achar um meio de safar-me daqui"; "Quem pode ajudar-me neste momento?"; "Se me sentisse mal de repente, seria um desastre". Todos esses pensamentos, que fluem automaticamente, sem controle da pessoa, são exatamente aqueles que causam a sensação de mal-estar e de tensão que, por sua vez, contribuirá para alimentá-los.

A influência deletéria de pensamentos desse tipo é muito maior, pois agem na sombra, fora da consciência. Por isso, o primeiro passo de quem quer ajudar-se sozinho será descobri-los e criticá-los racionalmente.

No princípio, será difícil fazê-lo no momento da crise; assim, o trabalho de revisão crítica será feito "a frio", isto é, quando o pensamento já passou, e a pessoa está tranqüila e serena. Mais tarde, com o treino, a crítica aos medos irracionais será feita no exato momento da crise.

CONHECER AS PRÓPRIAS EMOÇÕES

A exploração do próprio mundo emotivo é a segunda tarefa de quem quer ajudar-se sozinho.

Já vimos (cf. cap. II, "A dificuldade de viver as próprias emoções") como, para o paciente fóbico, é extremamente difícil diferenciar as próprias emoções e compreender como toda ativação neurovegetativa é interpretada como sinal de mal-estar, em vez de uma informação útil que provém do nosso mundo interior. Ele constrói, portanto, um vocabulário emotivo que parece jamais ter sido aprendido. Diante de cada situação que cria determinada ativação, a pessoa deverá se perguntar: "Que emoção estou experimentando? O que experimentarei neste momento se não pensasse imediatamente que estou para me sentir mal? Como se sentiria outra pessoa (é bom pensar em uma ou mais pessoas concretas do círculo de conhecimento) nesta minha mesma situação?".

Aos poucos serão identificados o medo, o desgosto, a alegria, a dor, a raiva, a excitação, a surpresa, a incerteza, e assim por diante, e o paciente habituar-se-á a entender as emoções como importantes informadoras sobre o que lhe sucede e sobre como as pensa, deixando elas de representar terríveis sinais premonitórios de doença.

O DIABO NÃO É ASSIM TÃO FEIO COMO SE PINTA

Finalmente, o paciente desejoso de ajudar-se sozinho deverá pensar com seriedade nas coisas que mais o amedrontam, aqueles medos íntimos que nem ousa citar, aquele pensamento que procura evitar a todo custo... Assim, descobrirá que "o diabo não é assim tão feio como se pinta".

Ele deverá pensar no que mais teme (no medo de ficar sozinho, de sentir-se desmaiar, de ficar louco ou de morrer, de perder o controle) para imaginar, detalhadamente, o que, de fato, sucederia se um evento do gênero realmente ocorresse.

São, com certeza, situações desagradáveis para a maioria das pessoas, mas o que as torna insuportáveis para os pacientes fóbicos é o fato de serem misteriosas, desconhecidas. Trata-se, nesse caso também, de uma tarefa de "exploração" daquelas regiões que sempre foram evitadas por medo mas que, exatamente por isso, tornam-se mais amedrontadoras.

Ao tentar fazer isso, o pensamento poderá ficar bloqueado e o paciente se dirá: "Seria horrível; não posso pensar nisso!". Não deverá, no entanto, entregar os pontos. É só se perguntar logo depois: "Por que seria assim horrível? O que me amedronta tanto? Por quê?".

Existem, com certeza, coisas belas e coisas feias, eventos agradáveis e eventos desagradáveis, e as pessoas não têm os mesmos gostos, mas o que torna um evento amedrontador é o fato de nos ser desconhecido.

Ao se meter nesse trabalho de descoberta do desconhecido, a pessoa não deverá confiar unicamente no raciocínio, nos pensamentos abstratos e racionais; não se trata de fazer uma elocubração acadêmica sobre o argumento, embora isso possa ser útil. A situação deve ser imaginada visualmente, a pessoa deve ver-se dentro dela como se ela estivesse realmente acontecendo e se perguntar: "O que é assim insuportável?".

Por exemplo, muitas pessoas dizem ter medo da morte. Provavelmente as pessoas que não dizem também tenham, já que é o acontecimento mais desconhecido que teremos de enfrentar.

Na verdade, de que mesmo se tem medo? Nesse ponto existem inúmeras divergências entre as pessoas.

Há quem tema o sofrimento, a dor que precede a morte, uma dor física que se crê insuportável. Há, por outro lado, quem tema ser morto, deixar de existir, não poder mais, absolutamente, fazer nada: seu sofrimento reside no pensar qual dor experimentaria ao ver-se irremediavelmente morto. Outros não suportam a idéia de ficarem trancados em um caixão (pior, se ainda vivos), de não serem mais livres, de terem de ficar em poder dos outros como uma coisa com que podem fazer o que quiserem. Outros, ainda, não suportam a idéia dos últimos momentos: têm medo de que, se percebessem que estão para morrer, não suportariam, e morreriam de medo, talvez fazendo uma figura ridícula perante os outros. Atrás do próprio medo, o da morte, ocultam-se, portanto, medos muito diferentes.

Na caminhada em busca do próprio medo, é preciso, por um instante, deixar de lado o juízo racional, que tende a fazer-nos dizer: "Não é preciso ter medo disso, acontece para todos, é natural, não há nada de estranho, é uma tolice temer essas coisas"; desse modo, não se caminha. Uma coisa é descobrir do que verdadeiramente se tem medo e outra é verificar se esse medo se fundamenta racionalmente ou não: os dois momentos devem ser considerados separadamente.

Somente depois de se compreender como as coisas efetivamente estão é que se pode discutir como deveriam ser, ou como se quereria que estivessem.

Todas essas sugestões para "ajudar-se sozinho" podem ser úteis nas situações mais brandas e nas fases iniciais do distúrbio, mas tornam-se absolutamente prejudiciais se, não obtendo em breve espaço de tempo os resultados esperados, retardam a decisão de procurar um especialista.

COMO AJUDAR UM PACIENTE FÓBICO

As pessoas que convivem com um paciente fóbico e que estão efetivamente a ele ligadas vêem-se freqüentemente envolvidas com o sofrimento e não sabem bem como comportar-se. Muitas vezes alternam condescendência e dureza, sentimento de impotência e de culpa, raiva e compaixão, mas dificilmente arriscam-se a dar-se conta dos motivos de tamanha e tão estranha doença. Este livro foi escrito também para essas pessoas. Para elas, apresentaremos algumas sugestões genéricas que, entretanto, não pretendem ser modelos válidos sempre e para todos, já que cada caso é diferente do outro.

COMPREENSÃO E NÃO CUMPLICIDADE

Em primeiro lugar, é preciso entender que se trata de uma real e comprovada doença, ainda que seja uma doença da mente, e não do corpo. Não é, pois, um capricho consciente do paciente. Quem sofre de distúrbios desse gênero acrescenta outro sofrimento ao seu próprio estado, pela incompreensão que encontra nos outros que lhe dizem, constantemente, que sua situação é ótima, que não há nada a lamentar, que bastaria um pouco de boa vontade para tudo se resolver. Muitas vezes os pacientes declararam, abertamente, que prefeririam, há muito tempo, sofrer de uma doença orgânica, uma fratura, por exemplo, qualquer coisa bem evidente, pois, pelo menos, não seriam continuamente exprobados pelos outros, que não compreendem os motivos de seu mal-estar.

Não se deve, portanto, nem repreender o paciente, nem, por outro lado, lamentar sua situação favorecendo todos os seus caprichos, mas convencê-lo de que pode ficar curado. Às vezes, para ajudá-lo a tomar essa decisão, é útil diminuir a complacência para com ele, que muitas vezes se transforma em inútil cumplicidade que mantém um equilíbrio precário fazendo retardar o início de uma verdadeira cura.

É necessário, isto sim, não consentir nas suas constantes fugas e não atender a todos os seus pedidos de acompanhamento. Se ele está mal, a culpa não é dos outros, nem dele. Por isso, o caminho é o de levá-lo a curar-se, e não o de todos juntos se adaptarem a uma existência patológica.

Há pacientes que envolvem a mãe, o pai, o cônjuge, até os filhos em um jogo de assistência contínua e que têm a capacidade de fazer sentirem-se culpados os que lhes negam apoio. É preciso dar-se conta de que conseguir e saber dizer um "não" às constantes exigências de uma pessoa que sofre é a melhor ajuda que se pode dar, do contrário, só ajudaremos a agravar a situação. É necessária, portanto, uma atitude de compreensão e, ao mesmo tempo, de firmeza.

ELIMINAR AS VANTAGENS SECUNDÁRIAS

Será igualmente necessário evitar que a doença traga para os pacientes vantagens secundárias, que façam com que eles diminuam a vontade de se curar. São vantagens secundárias os privilégios que o *status* de doente comporta: dispensa do trabalho, diminuição das responsabilidades, não cumprimento dos compromissos assumidos, atenção especial por parte dos outros, etc. Se tudo isso é compreensível que ocorra na fase aguda, sobretudo porque nem o paciente nem os que o cercam estão em condições de perceber o que está acontecendo, torna-se prejudicial na fase de duração da doença, porque favorece a cronicização, a acomodação na situação.

QUE FAZER DURANTE A CRISE

É muito negativo também apoiá-lo na busca contínua de médicos, exames laboratoriais e eletrocardiogramas. No princípio, os familiares podem entender que se trata de um distúrbio orgânico e se assustarem diante da manifestação da crise aguda de ansiedade, mas, com o passar do tempo, devem perceber que se trata de coisa diversa e que amedrontar-se ou correr com o paciente para o pronto-socorro apenas confirmará nele a idéia de que pode tratar-se, de fato, de um mal físico.

Se por acaso, nos momentos de tranqüilidade, ele admitir que está seguro de que é "somente uma crise nervosa", na verdade, não estará muito certo e, quando começar a sentir os sintomas da ansiedade, não pensará mais assim. Nesse momento, é preciso fazê-lo explicitar suas verdadeiras preocupações e recordar-lhe o que os médicos lhe disseram em ocasiões anteriores, e o que ele mesmo dizia nos momentos de tranqüilidade. É oportuno ajudá-lo, no momento de crise aguda, a avaliar os próprios pensamentos e as previsões catastróficas que vão se delineando em sua mente, para fazê-lo entender como tais pensamentos só fazem piorar o seu estado, se, na realidade, não forem a própria causa da crise. Desse modo, ele aprenderá, gradativamente, a observar-se a si próprio e perceberá como é ele mesmo quem provoca, sozinho, a crise de ansiedade e como ela cessa, de qualquer modo, espontaneamente, sem que ocorra qualquer das temidas conseqüências.

A pessoa tem medo de perder o controle, e se a crise cessa graças à intervenção de um médico ou do uso de um medicamento, confirmar-se-á, em sua mente, a idéia de estar débil e à mercê de uma doença desconhecida, a ponto de derrubá-lo, que só parou mediante uma intervenção externa, e que, por isso, precisará tê-la sempre ao alcance da mão. Ao contrário, se sentir que nada acontece e que, sozinho, pode controlar a situação, que é, sim, desagradável, mas não perigosa, aumentará, gradativamente, a segurança em si mesmo. Seja como for, a maior ajuda que os familiares podem dar ao paciente é a de convencê-lo a procurar um especialista, tranqüilizando-o quanto ao fato de que isso não significa estar "doente" e que saber pedir ajuda quando se tem necessidade é um sinal de força, e não de fraqueza.

Uma vez iniciada a psicoterapia, a que podem ser chamados a participar também os familiares, é de se esperar um momento de intensa mudança, que envolve as ligações afetivas e os anteriores equilíbrios que estavam estabilizados. Não são raros, portanto, momentos de crise e de incompreensão recíprocas, que de qualquer modo deverão ser enfrentados, na certeza de que um novo equilíbrio será estabelecido, certamente mais amadurecido e mais sadio, enfim, mais proveitoso para todos.

IR AO PSIQUIATRA

A grande maioria das fobias não se resolve espontaneamente e não são eficientes os conselhos dados até aqui, neste capítulo, para fazer desaparecer definitivamente a sintomatologia. É preciso não perder um tempo precioso, mas procurar um especialista. O médico que trata desse tipo de distúrbios é o psiquiatra, embora todo médico, pelo fato de ter cursado medicina, esteja habilitado a tratar, teoricamente, de qualquer doença.

Existem duas estratégias terapêuticas, os fármacos e a psicoterapia, que podem ser empregados separadamente, ou, com mais eficácia, em conjunto.

É oportuno que a gestão do caso seja confiada a um psiquiatra e, no aspecto psicoterápico, a um psicólogo.

OS PSICOFÁRMACOS

Trata-se de substâncias químicas que interagem com os neurotransmissores cerebrais e modificam o estado de ânimo da pessoa que os ingere.

Não são a panacéia que resolve todos os problemas, como não são também substâncias perigosas, ou drogas demoníacas. Como todos os demais fármacos, são manipulados por pessoas competentes, e não confiados à livre gestão do paciente.

É lícito inquirir como é possível que um distúrbio de origem psicológica possa ser curado com uma substância que age sobre o corpo. O problema, do ponto de vista que nos interessa, é facilmente compreensível se se renunciar à tradicional dicotomia entre mente e corpo e se consideram, pelo contrário, o mental e o corpóreo como dois modos diversos de descrever os mesmos fenômenos.

Se fico com raiva porque me roubaram a bolsa, a causa da raiva é, obviamente, psicológica, mas todo o corpo reagirá com uma descarga de adrenalina (a reação de alarme descrita no cap. I), assim como, um fármaco que tivesse o poder de bloquear a adrenalina também teria o poder de fazer passar a raiva e do mesmo modo como o pensar na mesquinhez do prejuízo sofrido, poderia tranqüilizar-me. Se fui demitido do emprego e, inesperadamente, vejo-me desempregado, serei assaltado por preocupações quanto ao meu futuro. Esse estado de espírito pode ser enfrentado raciocinando sobre cada uma das preocupações para redimensioná-las e pensar no que fazer para o futuro, ou também, ingerindo um medicamento para, por algum tempo, o ânimo.

Não há, portanto, uma contradição lógica entre uma intervenção farmacológica e uma intervenção psicoterápica: são duas vias para restabelecer um equilíbrio que, perturbado por motivos psicológicos, manifesta-se com sintomas também físicos.

VANTAGENS E DESVANTAGENS DE UMA INTERVENÇÃO SINTOMÁTICA

A intervenção farmacológica leva a um resultado mais rápido, sem maiores transtornos para o paciente, que deve, simplesmente, ingerir medicamentos, sem empenhar-se em mudanças, mas é apenas sintomática: isto é, atenua ou anula os sintomas, não as causas.

Se uma vidraça de meu quarto está quebrada e fora faz muito frio, é provável que, mais dia, menos dia, eu apanhe uma bronquite. Nessa altura, posso ingerir antibióticos e curar a bronquite, que voltará na certa se eu não consertar a vidraça. De resto, não é de todo inútil eu tomar os antibióticos, porque, enquanto eu estiver doente, ser-me-á difícil eu me dispor a reparar a vidraça. Os psicofármacos são um pouco como os antibióticos, enquanto o trabalho de reparar a vidraça é semelhante à psicoterapia.

Os psicofármacos são prejudiciais quando confiamos neles como se fossem a varinha de condão que pode acabar com o problema pela raiz. São prejudiciais até porque a melhora sintomática que trazem permite ao paciente suportar melhor a situação, conviver mais ou menos bem com sua doença, habituar-se a uma vida dividida sem jamais resolver-se a enfrentar, decidida e radicalmente, uma mudança resoluta e definitiva.

Com uma perna quebrada, andamos de muletas. As muletas são um grande amigo que nos permite caminhar e reabilitar as articulações, mas, se não nos decidirmos a abandoná-las aos poucos, se continuarmos a contar exclusivamente com elas, elas se tornarão nosso pior inimigo, pois impedirão totalmente a retomada das funções articulatórias da perna quebrada.

Os psicofármacos são como as muletas: utilíssimos por um período transitório como impulso para se sair de uma situação bloqueada, mas extremamente prejudiciais se vistos como solução definitiva.

ANSIOLÍTICOS E ANTIDEPRESSIVOS

Os fármacos empregados na terapia das fobias são de dois tipos, em associação: os ansiolíticos e os antidepressivos.

Não são tóxicos, nem causam dependência, se ingeridos sob prescrição médica.

Os ansiolíticos, muito difundidos por seu uso como soníferos, causam um efeito bastante rápido e, por isso, são muito apreciados pelos pacientes, que, com freqüência, se habituam a automedicar-se quando se encontram em dificuldades. É freqüente ouvir pacientes dizendo sentir-se melhores logo que ingerem a cápsula que trazem normalmente consigo. Evidentemente, isso é impossível do ponto de vista farmacológico, e o bem-estar que o paciente experimenta é o mesmo que vive com a simples presença de um médico que o tranqüilize (efeito *"placebo"*).

De qualquer forma, é real que os ansiolíticos produzem um efeito rápido e são o fármaco geralmente ministrado nas crises agudas de ansiedade, nas situações em que o mal já está em curso.

Praticamente, não produzem efeito colateral, a não ser um pouco de sonolência, aquela mesma provocada pela ingestão de um pouco de bebida alcoólica, também ela, um poderoso ansiolítico. Muitas pessoas ansiosas, de fato, ingerem bebidas alcoólicas por esse seu efeito farmacológico, que as fazem sentir-se melhores ao enfrentar situações difíceis, para elas.

O uso de antidepressivos no tratamento das fobias é conquista mais recente da farmacologia, mas seus efeitos sobre a sintomatologia são absolutamente comprovados, sobretudo na prevenção dos ataques agudos de ansiedade.

Os antidepressivos, ao contrário dos ansiolíticos, não causam efeito rápido. É necessário, para se obter os primeiros resultados, ingeri-los em dosagem regular por duas ou três semanas e prolongar por alguns meses a terapia. Portanto, não faz sentido ingerir uma cápsula de antidepressivo quando se vai enfrentar uma situação temida, a não ser pelo efeito "placebo".

Em algumas pessoas, os antidepressivos provocam incômodos secundários, como prisão de ventre, secura na boca, tonteira, sonolência, sobretudo no início da terapia, mas, como se trata de distúrbios pouco relevantes e, geralmente, transitórios, é aconselhável prosseguir com a dosagem prescrita pelo médico, que poderá aumentá-la, se julgar necessário.

A COLABORAÇÃO MÉDICO-PACIENTE

Ansiolíticos e antidepressivos podem ser ingeridos simultaneamente em dosagens que variam de caso para caso e que cabe ao especialista estabelecer, depois de avaliar o quadro clínico. Do mesmo modo, compete ao médico escolher o ansiolítico e o antidepressivo adequado para seu paciente, já que não há nem fármaco, nem dosagem, pré-determinados para cada pessoa.

É freqüente a necessidade, depois de um ou dois dias, de mudança do medicamento prescrito por incompatibilidade pessoal do paciente. A resposta aos fármacos é extremamente individual e imprevisível.

É absolutamente necessária uma estreita colaboração médico-paciente. Este não deve alterar a dosagem prescrita por conta própria. Isso compete ao médico, a quem ele deve relatar quaisquer dúvidas, perplexidades ou incômodos. Assim, o médico poderá prosseguir, com segurança, a terapia. Por outro lado, o médico, para ministrar terapia a um paciente, deve apresentar-lhe um projeto terapêutico de conjunto e programar com ele freqüentes controles.

Infelizmente, há pacientes que fazem uma única consulta e continuam com a mesma receita por mais de dez anos. O uso prolongado dos mesmos medicamentos é imprudente, ineficaz, prejudicial e venenoso.

O paciente fóbico é um paciente relutante em ingerir fármacos, naturalmente porque lê com extrema atenção as bulas desses medicamentos e se amedronta terrivelmente com todas as coisas que nelas vê escritas, imaginando que, certamente, todas são endereçadas a ele, iniciando-se, assim, o prenúncio dos sintomas. Esses medos não diminuem com a simples recusa do medicamento, ou diminuição, por conta própria, da dosagem prescrita (o que, na certa, irá confundir o médico ao avaliar os efeitos) ou com a simples mudança de médico. O que deve ser feito é discutir a situação com o médico, que saberá dar as orientações adequadas.

A PSICOTERAPIA, CAMINHO ORIENTADOR

Outro caminho mestre para o tratamento é a psicoterapia. Consiste em uma série de conversas com um psicoterapeuta especializado em colocar em foco o modo disfuncional com que o paciente vê a si mesmo e a sua realidade, para ir, modificando progressivamente disfuncionalidade, até alcançar um equilíbrio melhor.

É um trabalho penoso, porque o paciente terá de pôr em discussão muitas idéias de base sobre as quais construiu sua vida e que, como já vimos, têm origem em tempos distantes, com raízes, as mais das vezes, no relacionamento com os pais nos primeiros anos de vida. Mudar não é tarefa fácil, e, com freqüência, o paciente prefere dizer a si mesmo: "Minha personalidade é esta; nada posso fazer", e continua sofrendo. Na realidade, não é bem assim: personalidade e comportamento são determinados pelas idéias que fixamos e julgamos perfeitas sem jamais submetê-las a uma revisão crítica, até porque elas agem independentes de nossa consciência.

O QUE NÃO É PSICOTERAPIA

Diante da psicoterapia, freqüentemente o paciente tem expectativas falsas. Alguns esperam receber conselhos sobre como se comportar e imaginam, por isso, o psicoterapeuta como um sábio que conhece a fórmula da felicidade para bem viver e a transmite aos outros. Não é assim. Conselhos o paciente recebe em abundância de parentes e amigos; ele próprio sabe perfeitamente como deveria comportar-se e vê como os outros se comportam: a verdade é que não se arrisca a tentar. A psicoterapia serve, na verdade, para que ele compreenda por que não consegue pôr em prática o que percebe como salutar, nem consegue remover os obstáculos.

Além do mais, o psicoterapêuta não possui a fórmula da felicidade simplesmente porque ela não existe. Para viver bem, existem muitos modos diferentes, posturas completamente opostas, que se tornam disfuncionais, provocando sofrimento sempre que entram em contradição com seu interior. A psicoterapia ajuda o paciente a descobrir e resolver as incoerências no interior de seu sistema e não lhe propõe um sistema alternativo; não é, pois, uma proposta ideológica, que tem o terapêuta como modelo, mas um trabalho de análise crítica do sistema do paciente, a quem o psicoterapêuta fornece o método de trabalho, com sua competente supervisão.

Outros esperam que a psicoterapia resolva as situações externas que fazem sofrer, sem nada modificarem em si mesmos. O psicoterapêuta é visto como um mago onipotente que pode fazer, com que o marido deixe de beber, os filhos não sejam mais desobedientes, os colegas de trabalho sejam menos agressivos etc. Naturalmente, isso não irá acontecer.

O que pode ocorrer é a pessoa aprender uma nova maneira de avaliar esses acontecimentos, de modo que eles não mais sejam para ela fonte de sofrimento, aprender um novo modo de comportar-se, assumir novas atitudes perante os outros...

Também aqui a mudança que deve ocorrer será interna, e só secundariamente pode seguir uma mudança da situação externa, como conseqüência.

Os passos fundamentais de uma psicoterapia consistem, pois, em primeiro lugar, no evidenciar o próprio modo de construir a realidade, descobrindo o que causa o sofrimento; em segundo lugar, no descobrir como esse modo de ver as coisas foi aprendido através das experiências passadas para começar a criticá-lo; em terceiro lugar, no experimentar novas modalidades de se ver a si mesmo com os olhos voltados para as contradições presentes, procurando resolvê-las, e não voltados para o antigo modelo, fonte de sofrimento. É desnecessário dizer que nem todos os sofrimentos são oriundos de uma psicopatologia. O ser humano sofre, muitas vezes, com uma falta de sentido para sua vida, com uma ausência de um projeto de vida, ou com uma carência de ordem moral. É claro que, nesses casos, a solução estará em outros caminhos que não o da psicoterapia.

É claro que um caminho para a cura exige tempo, que será tanto mais longo quanto mais estável e consolidado estiver o velho modelo.

Tempo significa também dinheiro, entretanto, hoje podemos recorrer a uma psicoterapia, não somente junto aos profissionais particulares, como também aos Departamentos de Saúde Mental onde trabalham, de graça, ótimos especialistas, psiquiatras e psicólogos, habilitados a conduzir bem uma terapia.

DIFERENTES FORMAS DE PSICOTERAPIA

Existem diversas formas de psicoterapia que se fundamentam em diferentes postulados teóricos.

Talvez a mais conhecida seja a psicanálise, que, no entanto, requer um emprego maior de tempo (várias sessões semanais durante anos), o que não a recomenda como a mais adequada para o tratamento dos distúrbios fóbicos.

A terapia familiar, que envolve no tratamento toda a família do paciente e que se propõe, sobretudo, a resolver os desentendimentos interpessoais.

A terapia cognitiva, que é a adotada pelos autores deste livro e cujos pressupostos teóricos são aqui explanados, é a que tem alcançado maiores êxitos na solução dos distúrbios fóbicos.

Não é este o lugar para uma discussão mais aprofundada sobre os diferentes tipos de terapia, mesmo porque não existe uma "melhor" em absoluto, e alguns pacientes se sentem melhor trabalhando com determinado tipo, outros com outro. O importante é a competência do terapêuta, e a confiança que o paciente nele deposita.

Se houver um especialista de confiança que coordene todo o projeto terapêutico (fármacos e psicoterapia), será a ele a quem se deverá recorrer para se saber qual o tipo de terapia adequado para aquele caso específico. Poder-se-á também consultar terapêutas de diferentes escolas para troca de idéias e posterior decisão quanto à escolha, depois de se ter conhecido as pessoas e seus métodos de trabalho.

É óbvio que não se pode esperar benefício imediato de uma psicoterapia: ela não é um comprimido de ansiolítico, nem uma garantia genérica.

A avaliação, portanto, não será feita, a partir do estado de espírito no final dos quarenta e cinco minutos da sessão, mas a partir da sensação de que o processo de mudança pessoal ficou mais fácil de enfrentar com determinado psicoterapêuta e seu modo peculiar de trabalhar.

OBRAS ACONSELHADAS

Aconselhamos as seguintes obras para quem deseja aprofundar-se nos temas tratados neste livro:

Fobias:

Liotti, G. "Organizzazione e stabilità della conoscenza individuale nelle nevrosi" in *Crescita e cambiamento della conoscenza individuale,* aos cuidados de G. Chiari e M. L. Nuzzo, Ed. Franco Angeli, Milano, 1984.

Sassaroli S., e Lorenzini R., *La paura della paura,* Ed. Nuova Italia Scientifica, Roma, 1987.

Construtivismo e psicologia de G. A. Kelly:

Bannister D. e Fransella, F. *L'uomo ricercatore,* Ed. Martinelli, Firenze, 1986.

Mancini F. e Semerani A. (aos cuidados de), *La psicologia dei costrutti personali: saggi sulla teoria de G. A. Kelly* Ed. Franco Angeli, Milano, 1985.

Apego:

Bowlby J. *Costruzione e rottura dei "legami affettivi",* Ed. Cortina, Milano, 1979.

Bowlby J. *Una base sicura,* Ed. Cortina, Milano, 1989.

Psicologia em geral:

Arnold W.Eysenck, H. J. e Meili R. (aos cuidados de), *Dizionario di psicologia,* Edizioni Paoline, Milano, 1990.

BREVE GLOSSÁRIO

Apego. São os fortes vínculos que os bebês desenvolvem com a figura materna. Esta "primeira relação humana é a pedra fundamental sobre a qual se edifica a personalidade". "O vínculo da criança com sua mãe é um produto da atividade de um certo número de sistemas comportamentais que têm a proximidade com a mãe como resultado previsível."*

Ansiedade e angústia. São duas gradações, a segunda mais intensa que a primeira, pela reação de alarme que o organismo apresenta diante da previsão de um acontecimento ameaçador da própria integridade. Fisicamente, elas se manifestam com taquicardia, suadouro, tremores, cansaço, cabeça rodando, dores torácicas e abdominais; psicologicamente, com um estado de tensão generalizada. Trata-se de emoções absolutamente desagradáveis de experimentar, mas de nenhum dano para o organismo.

Ansiolíticos e antidepressivos. São fármacos que agem sobre o sistema nervoso central, interferindo nos neurotransmissores (ver esse verbete). Apresentam um efeito prevalentemente sintomático no sentido de que diminuem a ansiedade e a depressão, mas não removem as causas.

Caráter. É o modo com que uma pessoa enfrenta os acontecimentos da própria vida. Depende, em parte, de determinantes genéticos, mas, sobretudo, da aprendizagem nos primeiros anos de vida e, por isso, é muito afetado por influências familiares.

Consciência (psicológica). É o conhecimento de si. Existe na espécie humana, que apresenta grande desenvol-

---

*. BOWLBY J. op. cit. (N.T.).

vimento do córtex cerebral. A pessoa tem consciência de seus processos mentais (pensamentos e emoções) e, sobretudo, do fato de ser "ela mesma". Existe também uma consciência "moral" com a qual não se confunde a consciência psicológica.

Depressão. Baixa do tom do humor, caracterizada por um sentimento de tristeza. Pode ser conseqüência de acontecimentos externos (luto, perda, insucesso), ou aparentemente sem causa. Nos casos graves, ocorre uma verdadeira doença com pensamentos de autodesvalorização, culpa, destruição, e pode levar ao suicídio.

Distúrbios mentais e nervosos. Os distúrbios mentais são sofrimentos psíquicos sem causa orgânica reconhecida (ansiedade, depressão, obsessão, fobia...), os distúrbios nervosos são verdadeiras doenças do sistema nervoso com danos anatomopatológicos demonstráveis (epilepsia, hemorragia cerebral, tumores, meningite, encefalite, paralisia etc.). Os primeiros são da competência do psiquiatra; os segundos, do neurologista.

Emoção. Ativação do sistema nervoso autônomo que traduz um estado de modificação psicofísica sentida como agradável (alegria, excitação, euforia) ou desagradável (ansiedade, culpa, vergonha, raiva) em conseqüência da avaliação cognitiva de um acontecimento externo. As emoções não são patológicas e conotam cada momento da experiência de vida.

Figura de apego. É para o bebê a genitora, com quem ele vive sua primeira relação de apego, ou alguém que exerça o papel de mãe. A medida em que o ser humano vai crescendo, outras figuras de apego vão sendo acrescentadas em sua relação social; porém, qualquer figura que seja, sempre será remetida à primeira figura de apego.[*]

Etiologia e etiopatogênese. A etiologia é a ciência que trata das causas das doenças e a etiopatogênese de

---

[*].Verbete inserido pelo tradutor.

como tais causas produzem o estado de doença em sua interação com o organismo.

Instinto e pulsão. O instinto é um comportamento que visa atingir um objetivo útil para a sobrevivência individual ou da espécie e que não precisa de aprendizagem, sendo transmitido geneticamente de geração em geração: é fixo e imutável. Pulsão é o impulso motivacional para o atingimento de determinado objetivo cuja modalidade concreta é concebida e criada pelo próprio indivíduo. A pulsão é própria do ser humano.

Neurotransmissores cerebrais. São substâncias químicas que transmitem o impulso nervoso de um neurônio a outro. Deles depende o funcionamento do cérebro, e sobre eles (aumentando-os ou diminuindo-os) agem os psicofármacos.

Neuroses e psicoses. Trata-se de *distúrbios mentais* (ver esse verbete). As neuroses são distúrbios mais leves (ansiedade, depressão, hipocondria, fobia, obsessão), permitem a manutenção de um bom nível de adaptação, e os sintomas que apresentam são vistos pela pessoa como patológicos. As psicoses são distúrbios mentais mais graves (esquizofrenia, paranóia, psicose maníaco-depressiva) e apresentam uma decaída do nível de vida; não há consciência de doença por parte da pessoa. A intervenção terapêutica geralmente é requerida por terceiros.

Placebo, efeito. É a melhora que se obtém com a administração de um fármaco que não produz nenhum efeito químico real e que age, por isso, apenas por sugestão.

Psicoterapia. É a terapia dos distúrbios mentais que não emprega fármacos, mas atua através de colóquios com o paciente para compreender e modificar as causas psicológicas de seu sofrimento.

Sintomatologia. É o conjunto de sintomas com que se manifesta uma doença. Um sintoma é o sinal externo, geralmente desagradável, que assinala a existência de uma doença.

Teste. É um exame para avaliar e medir o mais objetivamente possível determinada variável. Os testes psicológicos procuram medir o funcionamento da psique (testes de atitudes, de inteligência, de memória, de tolerâncias às frustrações) ou a presença de certos traços patológicos (testes que medem as neuroses e as psicoses).

ÍNDICE

Introdução 3

Capítulo I
A sintomatologia ou como se manifesta uma fobia 5

Nem toda ansiedade vem para prejudicar 5
Ansiedade e medo 6
Os motivos da ansiedade 7
Pensamentos e emoções 9
O comportamento 10
O diálogo interior 11
O que é uma fobia 13
Distúrbios mentais e distúrbios nervosos 14
Lugares e situações temidos 15
O início inesperado 16
Sem problemas aparentes 17
O medo de perder definitivamente o controle 18
Os indicadores para a diagnose 19

Capítulo II
A etiologia ou o que provoca a doença 21

Viver é aprender 21
O instinto animal: um programa para a sobrevivência 22
O homem sem instintos 23
O homem, prole inepta 25
Duas estratégias de aprendizagem 26
O apego para aprender 28
Um modelo de si e do outro em relação 29

O controle e o cuidado na relação educativa 33
O comportamento de exploração 36
Como é inibida a exploração 38
Explorar ou apegar-se 39
As relações interpessoais 40
A dificuldade de viver as próprias emoções 42
Como se aprende a ignorar
   e temer as próprias emoções 43
Conclusões sobre etiologia 44

Capítulo III
Etiopatogênese e história clínica
   ou como se adoece e como a doença se desenvolve 47

A personalidade pré-mórbida 47
As pessoas "autônomas" 48
Pessoas "dependentes" 49
A primeira crise 51
Situações desencadeadoras 52
As situações desencadeadoras para os
   "autônomos" (forte-só) 54
As situações desencadeadoras
   para os "dependentes" (débil-apegado[a]) 58
Depois da situação desencadeadora e antes da crise:
   um equilíbrio precário 62
Os eventos temidos 67
O círculo vicioso: o medo do medo 70
Não se reconhecer mais 74
A fuga 75
O acompanhamento 77
A depressão: uma doença sobre a doença 78

Capítulo IV
A terapia ou como curar-se 81

A ilusão de que se trata de um distúrbio físico 81
Como ajudar-se sozinho 82

Romper o círculo vicioso 83
Não evitar mas explorar 85
Descobrir os próprios pensamentos 86
Conhecer as próprias emoções 88
O diabo não é assim tão feio como se pinta 88
Como ajudar um paciente fóbico 90
Compreensão, e não cumplicidade 91
Eliminar as vantagens secundárias 92
Que fazer durante a crise 92
Ir ao psiquiatra 94
Os psicofármacos 94
Vantagens e desvantagens
de uma intervenção sintomática 95
Ansiolíticos e antidepressivos 96
A colaboração médico-paciente 98
A psicoterapia, caminho orientador 99
O que não é psicoterapia 99
Diferentes formas de psicoterapia 101

Obras aconselhadas 102
Breve glossário 105

Impresso na gráfica da
Pia Sociedade Filhas de São Paulo
Via Raposo Tavares, km 19,145
05577-300 - São Paulo, SP - Brasil - 2011